اردو ادب و ثقافت : منظر نامے

(تعمیرنیوز ویب پورٹل کے منتخب مضامین)

ادب و ثقافت سیریز: 3

مرتب:

مکرم نیاز

© Taemeer Publications LLC

Urdu Adab o Saqafat : manzarnamay - Part-3

by: Mukarram Niyaz

Edition: September '2025

Publisher :

Taemeer Publications LLC (Michigan, USA / Hyderabad, India)

ISBN 978-93-6908-249-0

کتاب	:	**اردو ادب و ثقافت : منظر نامے** (حصہ : ۳)
مرتب	:	**مکرم نیاز**
صنف	:	غیر افسانوی نثر
ناشر	:	تعمیر پبلی کیشنز (حیدرآباد، انڈیا)
سالِ اشاعت	:	۲۰۲۵ء
صفحات	:	۱۲۲
سرورق ڈیزائن	:	تعمیر ویب ڈیزائن

فہرست

پیش لفظ

ادب، ثقافت اور فہم کا سفر (منظرنامہ: ۳)

مکرم نیاز

مطالعہ کی تاریخ پر جب طائرانہ نظر ڈالی جائے تو معلوم ہوگا کہ اس کا سفر تین عظیم، تاریخی و ادب ساز ادوار سے عبارت ہے، جنہوں نے انسانی دل و دماغ کو مسحور کیا اور علم و حکمت کو فروغ دیا۔ سب سے پہلا دور وہ تھا، جب کاغذی صفحات، رسائل اور اخبارات علم و عرفان کے چراغ تھے، جو مدھم روشنی میں انسان کے رب کا راز افشا کرتے تھے۔ یہ زمانہ اپنی سادگی، اپنی اخلاقیات اور خلوص کی یادگار سمجھا گیا، مگر رفتہ رفتہ زمانہ تبدیل ہونے لگا۔

پھر وہ عہدِ طلوع ہوا، جب انٹرنیٹ کا جادو ہر زبان کے قاری پر سایہ فگن ہوا۔ اپنی برق رفتاری اور بے مثال وسعت کے ساتھ، علم و آگاہی کا یہ سمندر گویا ہر قاری کی انگلیوں کی زینت بن گیا۔ ایک کلک سے ایک نئی دنیا، ایک جھلک سے دوسری حقیقت، اور ایک لمحے کا کچھ حصہ، قارئین کو بے پناہ وسیع اور دلکش دنیاؤں کا مسافر بنا گیا۔ دراصل یہ ایسا انقلابِ عظیم تھا، جو علم و شعور سے لبریز اسبابِ زندگی بن گیا۔

تیسری اور سب سے زیادہ حیرت انگیز تبدیلی سوشل میڈیا کی شکل میں نمودار

ہوئی۔ ایک ایسی دنیا، جہاں فاصلے مٹ گئے، اور خیالات و احساسات کی سرائیں، عقل و شعور کے میدان آباد کرنے لگیں۔ ہر فرد، ادارہ، قوم، ایک دوسرے کے قریب، اور ایک دوسرے کے ہم نوا ہو گئے۔ یہ میدان عمل، تعلیم، اصلاح اور سماجی بیداری کے قافلے کا ایسار ہنما باور کیا گیا جو تاریکی کے خلاف علمِ نور بلند کرتا ہے۔

اسی فضا میں، ۲۰۱۲ء کے اواخر میں 'تعمیر نیوز' کے افق کو روشن کیا گیا، تاکہ اردو ادب و ثقافت کے اس بحرِ بے کنار کو ایک جہانِ تنقید و تصور میں تبدیل کیا جا سکے۔ تیرہ سال کے اس سفر نے یہ باور کرایا ہے کہ اردو زبان کا یگانہ لہجہ، اس کے بلند خیال اور اس کے پیغام، امتزاجِ علم و فن میں ہی زندہ رہ سکتے ہیں۔

اس کتاب میں 'تعمیر نیوز' سے اخذ کردہ ایسے مضامین کو شامل کرنے کی ممکنہ کوشش کی گئی ہے جو اردو ادب و ثقافت کے منفرد و متنوع موضوعات کا احاطہ کرتے ہوئے قاری کی مناسب علمی و سماجی رہنمائی کا فرض بھی انجام دے سکیں۔ یہ کتاب "**اردو ادب و ثقافت: منظر نامے**" کے سلسلے کا پہلا حصہ ہے۔

۱۷/ ستمبر ۲۰۲۵ء

حیدرآباد (تلنگانہ، انڈیا)

ا

اِملا اور رسم الخط کے مسائل - سرسری جائزہ

سہیل احمد صدیقی

آج کے "ہندی زدہ" یا "انڈین ٹی وی زدہ" اردو گو فرد کے لیے یہ بات یقیناً حیرت کا باعث ہو گی کہ "پریم" سے بھی کوئی بحث ایسے جنم لے سکتی ہے کہ ایک صدی کے بعد تک ختم نہ ہو۔ جی ہاں، یہ بحث کہ اردو رسم الخط ناموزوں ہے، تبدیل کر دیا جائے، للّو لال جی کی تصنیف "پریم ساگر" کی اردو نستعلیق کے بجائے، دیوناگری رسم الخط میں شائع ہونے سے شروع ہوئی۔ یہ کتاب کوئی دو سو سال قبل فورٹ ولیم کالج کے زیرِ اہتمام شائع ہوئی تھی۔ اردو کی ترویج میں اس ادارے کا نمایاں کردار ناقابلِ فراموش تھا، مگر یہ حقیقت بھی ناقابلِ تردید ہے کہ اس طرح کے اِقدامات سے انگریز سرکار نے "ہندی۔ اردو" اور "ہندو۔ مسلم" تنازع اور لسانی منافرت کی بنیاد رکھی۔ تمہید میں "پریم ساگر" کا ذکر یوں آیا کہ اردو رسم الخط پر اعتراضات اور پھر مختلف مباحث کی ابتدا اسی سے ہوئی تھی۔ اردو کی پیدائش، آغاز و ارتقاء کے بارے میں کچھ عرصہ قبل روزنامہ "ایکسپریس" میں راقم کا ایک مضمون شائع ہو چکا ہے۔ لہٰذا اس تفصیل کا خلاصہ دہرائے بغیر، یہ عرض کرتا چلوں کہ اردو دنیا کی واحد زبان ہے جس کے وطن کا تعین اور بنیادی ماخذ، نیز لسانی گروہ سے تعلق کی بحث بہت پیچیدہ ہے۔ جب اس سے تعلق کے اتنے

دعوے دار ہیں تو اس کے رسم الخط (یا ہندی میں 'لپی') کے حوالے سے ایسے بُودے اعتراض کیوں؟

اگر بلا تعصب اور بالتحقیق جائزہ لیا جائے تو پتا چلتا ہے کہ اردو رسم الخط پر کیے جانے والے اعتراضات میں سے کوئی بھی منطقی، عقلی اور سائنسی بنیاد پر درست نہیں۔ آیئے ان اعتراضات کا سرسری جائزہ لیتے ہیں:

الف) اردو رسم الخط میں حروفِ تہجی کی تعداد دوسری زبانوں کے مقابلے میں بہت زیادہ ہے، اس لیے اُن کا سیکھنا (خصوصاً بچوں اور غیر اہلِ زبان کے لیے) اور سکھانا (اساتذہ کے لیے) مشکل کام ہے۔

جواب: اردو کے حروفِ تہجی سینتیس (۳۷) ہیں اور بعض ماہرینِ لسانیات کے خیال میں 'ھ' کے ملاپ سے بننے والی آوازوں کو بھی شامل کر لیں تو یہ تعداد پچاس یا اکیاون بنتی ہے۔ ادھر صورت حال یہ ہے کہ:

۱۔ پشتو میں پینتالیس (۴۵) حروفِ تہجی ہیں۔

۲۔ سندھی میں باون (۵۲) حروفِ تہجی ہیں۔

۳۔ کمبوڈیا یا کمپوچیا کی سرکاری زبان روتوکاس میں چوہتّر (۷۴) حروفِ تہجی ہیں جو ایک ریکارڈ ہے۔

۴۔ چینی رسم الخط، حروف کے بجائے کئی ہزار اشکال (انگریزی میں Characters) پر مشتمل ہے، اس لیے اسے دنیا کی مشکل ترین زبان سمجھنا چاہیے۔

۵۔ جاپانی زبان کا قدیم رسم الخط بھی چینی سے مستعار تھا۔ اہلِ جاپان نے اسے محض دو ہزار اشکال تک محدود کیا، پھر ضرورت کے تحت مزید دو رسم الخط جاری کیے گئے۔ آج صورت حال یہ ہے کہ جاپانی میں ایک نام اور اس کے سابقے، لاحقے لکھنے کے

لیے تین رسم الخط (کانجی یعنی چینی، ہیر اگانا اور کاتا کانا) ملا کر لکھنا ناگزیر ہے، جب کہ گنتی انگریزی کی ہی استعمال ہو رہی ہے۔

۶۔ انگریزی میں حروفِ تہجی تو چھبیس (۲۶) ہیں، مگر اس کے تکنیکی مسائل، اردو سمیت کسی بھی بڑی زبان سے کہیں زیادہ ہیں۔

اب کہیے کیا خیال ہے؟

ب) اردو کے حروف کی شکلیں بدلتی رہتی ہیں۔ کبھی پورا یا آدھا حرف لکھا جاتا ہے تو کبھی اس کا چہرہ۔ اس طرح الفاظ کی لکھائی سیکھنا، سکھانا مشکل ہے۔

ج) اردو میں "ہم صوت" یعنی ایک جیسی آواز والے حروف کئی ایک ہیں، جیسے الف اور عین، ح اور ہ، ت اور ط، ث، س اور ص، ذ، ز، ض اور ظ۔ اس سے املا کی اغلاط بھی سرزد ہوتی ہیں۔

د) اردو میں اعراب یعنی زیر، زبر، پیش لگانے میں دشواری ہوتی ہے۔ تلفظ اور املا دونوں ہی مشکل ہیں۔

ہ) اردو میں بہت سے الفاظ میں "ساکن" (Silent) حروف شامل ہیں، جو لکھے جاتے ہیں مگر پڑھے نہیں جاتے۔ اس طرح بھی املا اور تلفظ میں مشکل ہوتی ہے۔ مثال کے طور پر خواب (تلفظ: خاب)، خواہش (خاہش)، عبدالرؤف (عبدُر رؤف) اور اس جیسے دیگر لاتعداد الفاظ۔

و) ٹائپ اور طباعت میں بھی متعدد مشکلات، دشواریاں اور تکنیکی مسائل حائل ہیں۔

جواب:

یہ تمام اعتراضات عربی اور فارسی پر بھی عائد ہوتے ہیں جو اردو کی ماؤں میں شامل

ہیں، نیز اُن سے استفادہ کرنے والی، خطے کی بہت ساری زبانوں پر بعینہٖ یہی اعتراضات وارد ہوں گے۔ مثال کے طور پر پاکستانی زبانوں میں کون سی بڑی زبان اس سے مبرّا ہے؟ عربی اور فارسی کے ماہرین نے تو کبھی اس قسم کے مباحث پر خامہ آرائی نہیں کی۔ اہلِ زبان عرب یا ایرانی اپنی زبان میں اعراب (عموماً) نہیں لگاتے۔ ساکن حرف کی بحث ہم الگ سے شروع کریں گے۔ یہاں بہت اختصار سے کام لیتے ہوئے یاد دلاتے چلیں کہ انگریزی زبان میں ایک حرف کی مختلف جگہوں پر مختلف آوازیں اور ساکن حروف کا (خصوصاً لاطینی، فرنچ، جرمن الفاظ کے ضمن میں) اچھا خاصا ذخیرہ بھی نظر انداز نہیں کیا جاسکتا۔ یہاں ایک بڑی عوامی سی مثال ازراہِ تفنن پیشِ خدمت ہے: لفظ آنسٹی (Honesty) جُہلا کے نزدیک ہونسٹی ہے۔ شاید اسی لیے "خریداری مرکز" (Shopping Centre) کا نام ہونسٹی رکھا گیا ہے۔ (ویسے ہمارے یہاں تو ایک مشہور مثال لفظ وراثت (Heirship) کی ہے۔ وکلا سمیت اکثر لوگ اسے ہیر شپ بولتے ہیں، جبکہ 'H' حرفِ ساکن ہے)۔

ٹائپ کے حوالے سے مشکلات یقیناً پوری طرح ختم نہیں ہوئیں، مگر ذرا سوچیے کہ آیا اردو، دنیا کی واحد زبان ہے جس کو یہ مسئلہ درپیش ہے؟

اگر آپ یہ کہیں کہ جناب اردو کا کوئی متفق علیہ ٹائپنگ / کمپوزنگ سسٹم موجود نہیں اور کمپیوٹر خصوصاً انٹرنیٹ کے استعمال میں مشکلات پیش آتی ہیں، تو اس کا جواب نکتہ وار یہ ہے:

۱۔ اردو کا مکمل اور مضبوط کمپیوٹر نظام، راقم کی اطلاع کے مطابق، کچھ سال قبل، مقتدرہ قومی زبان نے Microsoft کے تعاون سے تیار کر کے جاری کر دیا ہے اور آج کل زیرِ استعمال ہے۔ اس میں خاص طور پر MS-Office شامل ہے۔

۲۔ اردو کے Unicode Keyboard متعدد Websites پر دستیاب ہیں۔ اس میں صرف ایک نظر دیکھ کر الفاظ ٹائپ کرنے ہوتے ہیں۔ جہاں تک رفتار کا سوال ہے تو اس کا تعلق مشق اور مسلسل مشق سے ہے۔ اگر ہم Urdu Inpage پر اور اس کے مماثل دوسرے کلیدی تختوں (Keyboards) پر تیزی سے ٹائپ کر لیتی ہیں تو اس کی وجہ بھی یہی ہے۔

۳۔ مقتدرہ قومی زبان اور Microsoft کے مشترکہ MS-Word میں براہِ راست اردو ٹائپ ممکن ہے، جبکہ Unicode Keyboard کی مدد سے کی گئی ٹائپنگ بھی MS-Word میں کارآمد (Copy+Paste=Use) ہے۔

۴۔ اردو میں عام استعمال کے لیے تو نستعلیق رائج ہے، جبکہ مندرجہ بالا کلیدی تختوں (Keyboards) میں نسخ استعمال ہوتا ہے جس سے نوآموز افراد کو الجھن ہوتی ہے۔ اس مسئلے کے حل کے لیے پاکستان میں توبظاہر کوئی کوشش نہیں ہوئی (اگر ہوئی ہے تو براہِ کرم سامنے لائی جائے)، البتہ ہندوستان اور امریکا میں مقیم بعض ہندوستانی حضرات کی جانب سے متبادل Fonts تیار کیے گئے ہیں۔ عین ممکن ہے کہ یہ مسئلہ جلد حل کر لیا جائے۔

۵۔ آخری نکتہ معترضین کے لیے اس خاکسار کی طرف سے ہے، یعنی یہ کوئی اعتراض نہیں، بلکہ شکوہ ہے۔ ایک مقامی فرم نے کچھ سال قبل اردو کی برقی گفتگو (Internet Chat) کے لیے ایک Messenger (پیغام رساں) تیار کر کے، بازار میں پیش کیا تھا۔ افسوس مجھے ایسے ایک دو افراد ہی مل سکے جو اس اہم ایجاد سے فائدہ اٹھانا چاہتے ہوں۔ ہم غلط سلط انگریزی اور لاعلمی میں رومن رسم الخط کے ذریعے اچھی خاصی آسان بات کو مہمل بنانا پسند کرتے ہیں۔ یہ بھی نہیں دیکھتے کہ جو ہجے انگریزی میں پہلے

سے رائج کسی اور لفظ کے موجود ہیں، انہیں اردو لفظ کے لیے استعمال کرنے سے اشتباہ ہوتا ہے۔

اردو میں حروف کی کثرت اور تلفظ کے اختلافات، اس کی خامی نہیں، خوبی ہے۔ اس لیے کہ ہم اسی خصوصیت کی بدولت، دنیا کی کسی بھی زبان سے کہیں زیادہ، کثیر تعداد میں الفاظ (اور اکثر بڑی حد تک درست تلفظ میں) ادا کرنے اور لکھنے پر قادر ہیں۔ جسے یقین نہ آئے، ان نکات کو غلط ثابت کر دے:

۱۔ عربی میں پ، ٹ، چ، ڈ، ڑ، ژ، گ کی غیر موجودگی سے بے شمار الفاظ لکھے نہیں جاسکتے۔ خالص عربی لب و لہجہ ان آوازوں کے ادا کرنے سے قاصر ہے۔ البتہ نجد کے لوگ 'غ' کو 'گ' بولتے ہیں، یمن کے لوگ 'ض' کو اردو کی طرح "ضاد" بولتے ہیں، جبکہ ایران کے اثر سے بحرین میں 'ک' کی جگہ 'چ' بولنا بھی عام ہے۔

۲۔ فارسی میں ٹ، ڈ، ڑ نہیں ہیں اور چھوٹی 'ی' کا تصور الگ سے موجود نہیں۔ 'ق' کا 'غ' سے بدلنا بھی عام ہے، جیسے لفظ "آقا" کا "آغا" ہو جانا۔

۳۔ پشتو، پختو میں خیبر پختون خوا (اس لفظ کے آخر میں "ہ" نہیں ہے) سے لے کر بلوچستان تک جو اختلافات، تلفظ یا بجائے خود الفاظ کے رائج ہیں، اُن سے قطع نظر، پشتون، پختون، بعض آوازوں کی ادائی سے قاصر ہیں۔ مثلاً 'ہ / ھ' (بھائی کی جگہ بائی) 'ف' (اکثر 'پ' بولتے ہیں)۔

۴۔ سندھی اور پنجابی کا 'ق' ادا نہ کر پانا ایک الگ بحث ہے، جب کہ گجراتی، خصوصاً اس کی بولی میمنی میں 'غ' کو 'گ'، 'ق' کو 'ک' بولنا عام بات ہے، مگر اس میں استثنیٰ ان کو حاصل ہے جو زبان و ادب یا دینی تعلیم سے شغف رکھتے ہیں۔

۵۔ جاپانی میں حرف ث، ڈ، خ اور 'ل' کی آوازیں موجود نہیں۔ 'ل' کو 'ر' سے بدل

دیتے ہیں، جیسے کہنا ہو Actually تو کہتے ہیں: ایک ٹُو اَری۔

۶۔ انگریزی میں مشرقی زبانوں کے الفاظ خصوصاً مخصوص آوازوں کی ادائی کا کوئی انتظام موجود نہیں۔ اس کی تفصیل ایک الگ مضمون کا تقاضا کرتی ہے۔

۷۔ افریقی زبانوں کے کئی نام اس قدر عجیب ہوتے ہیں کہ انگریزی جِہے ان کی درست ادائی سے معذور ہیں۔

۸۔ فرینچ زبان میں 'ہ' (H) کی آواز موجود نہیں۔ مثال کے طور پر سہیل (Sohail) کو "سوایل" (So'ail) کہتے ہیں۔ 'ر' کی آواز پیرس کی فرینچ (خالص زبان) [Parsian French] میں نہیں، یہ اکثر 'غ' تو کبھی 'خ' کی آواز سے بدل جاتی ہے۔ کسی کا نام رشید ہو تو یہ کہیں گے: "غاشید"۔ (البتہ افریقی فرینچ میں کہیں کہیں 'ر' موجود ہے)۔ اس کے علاوہ اس زبان میں 'ج' سے زیادہ 'ژ' کی آواز رائج ہے۔ دیگر مسائل علاوہ ہیں۔

۹۔ ترکی زبان کا عربی رسم الخط ختم ہونے کے بعد (رومن رائج کرنے کے سبب) دیگر مسائل کے علاوہ، خالص عربی آوازیں ختم ہو گئیں۔ 'خ' کے بجائے 'ح' (خالد کی جگہ حالد)، بعض جگہ 'ک' کے بجائے 'چ'، 'غ' جن ناموں میں آتا ہے، اب حرفِ ساکن ہو گیا، جیسے نام ہے "اوغلو" تو پڑھتے ہیں: اول لُو۔

۱۰۔ ہندی میں عربی آوازیں موجود نہیں، اس لیے وہ 'خ' کے بجائے 'کھ' اور 'ق' کے بجائے 'ک' اور 'غ' کی جگہ 'گ' بولتے ہیں۔

ان تمام مثالوں کے بعد یہ دعویٰ ناقابلِ تردید ہے کہ اردو، دنیا کی واحد زبان ہے، جس میں ہر زبان کے الفاظ لکھنے، ادا کرنے اور (اہلِ زبان کی طرح درست تلفظ) بولنے یا پڑھانے کی صلاحیت بدرجۂ اتم پائی جاتی ہے۔ اس کے علاوہ اس کا ذخیرۂ الفاظ پینتیس

(۳۵) سے زائد زبانوں، بولیوں سے مستعار ہے جو ظاہر ہے اپنی مثال آپ ہے۔

اوپر ہم نے حرفِ ساکن کا ذکر کیا۔ اردو میں مشہور ترین مثالیں تو 'خواب' اور 'خواہش' ہیں جن کا واوٗ بولا نہیں جاتا اور "واوٗ معدولہ" کہلاتا ہے۔ دوسری مثالیں ان ناموں کی ہیں جن میں 'ل' استعمال ہوتا ہے اور بولا نہیں جاتا۔ یہ مسئلہ بہت آسانی سے حل ہو سکتا ہے، اگر طالب علم کو ابتدا ہی میں یہ بتادیا جائے کہ عربی میں حروفِ قمری اور حروفِ شمسی کے سبب ایسا ہوتا ہے۔ مندرجہ ذیل حروف قمری ہیں اور ان کی ترکیب سے نام لکھا جائے تو 'ل' بولا جائے گا:

ا، ب، ج، ح، خ، ع، غ، ف، ق، ک، ل، م، و، ہ، ی

(قمری مثالیں: عبد الاحد، ابوالباقر سے لے کر الیافث تک بے شمار)۔

جبکہ مندرجہ ذیل حروف شمسی ہیں، ان کی ترکیب سے نام لکھا جائے تو 'ل' نہیں بولا جائے گا:

ت، ث، د، ذ، ر، ز، س، ش، ص، ض، ط، ظ، ن

(شمسی مثالیں: ابوالتمیم، ابوالدرداء سے لے کر عبدالنبی تک لاتعداد)۔

یہ بحث کہ اردو املا میں حروف کی شکلیں بدلتی رہتی ہیں۔ جزوی طور پر درست ہے، مگر محض ان حروف کو بنیادی شکلیں قرار دے کر حروف سازی آسانی سے سکھائی جاسکتی ہے:

(۱) الف

(۲) ب، پ، ت، ٹ، ث

(۳) ج، چ، ح، خ

(۴) د، ڈ، ذ

(۵)ر،ڑ،ز،ژ

(۶)س،ش

(۷)ص،ض

(۸)ط،ظ

(۹)ع،غ

(۱۰)ق

(۱۱)ک،گ

(۱۲)ل

(۱۳)م

(۱۴)ہ

(۱۵)ی

اب اس میں خیال رہے کہ ا، د، ڈ، ذ، ر، ڑ، ز، ژ، ط، ظ، اور 'و' ایسے حروف ہیں جن میں شکل نہیں بدلتی۔

اردو زبان کی ہمہ جہت صفات کی بات کی جائے تو سَر ولیم جونز کا یہ قول محض اسی پر صادق آتا ہے کہ "مکمل زبان وہ ہے جس میں انسانی ذہن میں آنے والا ہر خیال، صفائی سے اور بھرپور طریقے سے کسی مخصوص لفظ کے ذریعے ظاہر کیا جاسکے۔ خیالات سادہ ہوں تو الفاظ سادہ اور اگر خیالات دقیق ہوں تو الفاظ بھی۔ اس طرح مکمل رسم الخط وہ ہے جس میں اس زبان کی ہر آواز کے لیے ایک مخصوص نشان ہو۔"

اردو رسم الخط اور املا پر کیے جانے والے اعتراضات کا ماہرین بڑی محنت سے رَدّ (Counter) کر چکے ہیں۔ المیہ یہ ہے کہ ہمارے نیم خواندہ (Semi-Literatre)

معاشرے میں دین اور دنیا کے ہر موضوع پر، ہر کس و ناکس اظہارِ خیال کرتا ہے، خواہ اس بارے میں سِرے سے مطالعہ ہی نہ کیا ہو۔ اس ضمن میں اکثر اعتراضات، اردو کی طرح، بلکہ اس سے کہیں زیادہ، انگریزی پر وارد ہوتے ہیں۔ اگر یہ نکتہ اعتراض دیکھا جائے کہ اردو میں کئی حروف ایک جیسی آوازیں ہونے کے سبب مسائل پیدا کرتے ہیں (مثلاً ا، ع، ت، ط، ث، س، ص، ذ، ز، ض، ظ) لہٰذا انہیں کم کر کے ایک آواز کے لیے ایک حرف مقرر کر دیا جائے۔ اس کے دو واضح جوابات ہیں:

ا۔ مختلف آوازوں کو مماثل سمجھنا علمی غلطی ہے، اگر ایسا مان بھی لیا جائے، تو لاتعداد الفاظ (خصوصاً عربی) ہجے بدلنے سے اپنے معانی کھو بیٹھیں گے۔ مثال کے طور پر عدل کو ادل، بدعت کو بدأت، عالِم کو آلِم۔ علاوہ ازیں دو زبانوں کے ایک جیسے الفاظ مثلاً عنبر (عربی) بمعنی خوشبو کی ایک قسم اور امبر (ہندی) بمعنی آسمان، ان کے ہجے بدلنے سے کیا فائدہ حاصل ہوگا؟

۲۔ انگریزی رسم الخط، املا، قواعد غرض ہر لحاظ سے اعتراضات کا نشانہ بنتی رہی ہے۔ بیسویں صدی کے عظیم ڈراما نگار جارج برنارڈ شا نے سات سو (۷۰۰) الفاظ گھڑ کر بغرضِ اصلاح پیش کیے کہ اس طرح حروف اور آوازیں شامل کی جائیں تو یہ زبان ترقی کر سکتی ہے۔ اس پر عمل نہیں ہوا۔ یہی فاضل مصنف تھے جنہوں نے انگریزی کو "پاگل آدمی کی زبان" قرار دیا۔ اس پر یہ اعتراض کیا تھا کہ اس عجیب زبان میں But، بَٹ ہے تو Put، پَٹ کیوں نہیں؟ انھی نے یہ لطیفہ گھڑا تھا کہ اگر مَیں چاہوں تو لفظ Fish (مچھلی) اس طرح بھی لکھ سکتا ہوں: GHOTI (دلیل یہ ہے کہ "GH، Rough, Tough جیسے الفاظ میں آتا ہے تو 'F' کی آواز دیتا ہے۔ 'O' جب Women میں آتا ہے تو 'I' کی آواز دیتا ہے اور 'TI' جب Nation اور Ration میں آتے ہیں تو 'SH' کی آواز نکلتی

ہے)۔

جو حضرات بغیر کسی مطالعے اور دلائل کے یہ چاہتے ہیں کہ اردو کا رسم الخط رومن کر دیا جائے: انہیں ہرگز خبر نہیں کہ زبان کا رسم الخط سے تعلق کیسا ہوتا ہے۔ فرینچ اور انگریز ماہرینِ لسانیات کے اقوال نقل کیے بغیر، خلاصہ کرتا ہوں کہ اگر صدیوں سے رائج کسی زبان کا رسم الخط اچانک تبدیل کر دیا جائے تو وہ زبان اپنے گراں قدر علمی سرمائے، تہذیبی اور ثقافتی پس منظر سے یکسر محروم ہو جاتی ہے۔ اس کی نمایاں ترین مثال ترکی ہے، جس کی ہزاروں کتب آج موضوعات کے تنوع اور اہمیت سے قطع نظر، بیکار ہو چکی ہیں۔

(چینی ترکستان یعنی سنکیانگ (چینی تلفظ میں شن ژی یانگ) کی زبان "اویغور" [Ouighur] شاید واحد زبان ہے جو آج بھی ترکی کے قدیم (عربی) رسم الخط میں لکھی جاتی ہے۔)

اپنے ارد گرد نظر دوڑائیں تو پتا چلے گا کہ ہماری بعض زبانیں فنا کے خطرے سے دوچار ہیں (بقاء کی جنگ لڑ رہی ہیں، مگر بقاء کے خطرے سے دوچار کہنا غلط ہے) یعنی اگر اُن کے لکھنے پڑھنے اور اصل رسم الخط کی تعلیم کا سلسلہ کم ہوتے ہوتے، ختم ہو گیا تو یہ زیادہ عرصے زندہ نہ رہیں گی، مثلاً گجراتی (پاکستان کے حوالے سے)۔ اپنی موجودہ نسل کو گجراتی رسم الخط سے دور ہوتا دیکھ کر بوہری برادری نے اپنا مذہبی مواد ایک جدید عربی رسم الخط میں منتقل کر دیا ہے۔

دنیا میں دو قومیں اس اعتبار سے بہت منفرد نظر آتی ہیں کہ انہوں نے مردہ زبان کو زندہ کر دیا: یہودی جنہوں نے عبرانی (Hebrew) کو زندہ کر کے ہر سطح پر رائج کیا اور ترقی دی۔ ہندو جنہوں نے محض تعصب کی بناء پر اردو میں (رسم الخط کی تبدیلی کے بعد)، مردہ زبان سنسکرت (Sanskrit) کے الفاظ لغات سے نکال نکال کر، ہندی زبان رائج

کی۔ قدیم ہندی اس سے بہت مختلف تھی اور اس کی طرح "مصنوعی" زبان ہر گز نہ تھی۔
ایک ہم ہیں کہ پہلے ZeeTV کی نقل میں ۱۹۸۰ء کی دہائی میں سرکاری ٹی وی نے اردو اور انگریزی کا عجیب و غریب ملغوبہ ایجاد کیا، بقول شاعر:

ایک ہم ہیں کہ لیا اپنی ہی صورت کو بگاڑ
ایک وہ ہیں جنہیں تصویر بنا آتی ہے

پھر یہ غلط سلط زبان رائج ہوئی تو نوبت بہ ایں جا رسید کہ آج بزرگ اہلِ قلم میں بھی ایسے فضلاء موجود ہیں کہ کسی تقریب میں خطاب کرتے ہوئے گنتی کے لیے انگریزی کا سہارا لیتے ہیں، نیز غیر ضروری انگریزی دانی کا مظاہرہ، نامعقول مخلوط زبان بول بول کر گویا علمیت کا رعب ڈالتے ہیں۔ بات ایک قدم آگے بڑھی تو آسان آسان الفاظ لکھنا، پڑھنا اور پڑھانا بھی محال اور بوجھل قرار پایا۔

اردو کی ترقی کی راہ میں حائل سب سے بڑی رکاوٹ ہم خود ہیں، جو مندرجہ بالا تمام نکات کے علاوہ، اردو کو حقیر جانتے ہیں اور اسی خوش فہمی میں مبتلا ہیں کہ انگریزی ذریعۂ تعلیم ہو اور ہر سطح پر، ہر جگہ رائج ہو تو بطور قوم ہماری کوئی حیثیت ہو جائے گی۔ اہلِ مغرب نے اردو کی اہمیت کے پیشِ نظر اس کی ابتدائی ترقی میں بھرپور کردار ادا کیا اور آج جب اعداد و شمار کی روشنی میں یہ دنیا کی دوسری (یا بہ اختلاف تیسری) زبان مانی جاتی ہے، تو ہم از خود، اس کی تباہی کے درپے ہیں۔ راقم نے کوئی نو سال پہلے پاکستان کے سب سے بڑے انگلش میڈیم اسکول میں عارضی طور پر تدریس کے فرائض انجام دیتے ہوئے ایک طالبہ کو یہ کہہ کر شرمسار کر دیا تھا کہ (ترجمہ): "روئے زمین پر سب سے بڑا رشتہ ماں کا ہے، سو مَیں بالیقین سمجھتا ہوں کہ مادری زبان، دنیا کی عظیم ترین زبان ہے۔ اگر آپ اپنی مادری زبان سے نفرت کرتی ہیں تو مطلب یہ ہوا کہ آپ کو اپنی ماں سے نفرت

ہے!"

حوالہ جات:

۱۔ وضع اصطلاحات از مولوی وحید الدین سلیم (طبع ششم)
۲۔ اردو املا اور رسم الخط (اصول و مسائل) از ڈاکٹر فرمان فتح پوری
۳۔ زبان اور اردو زبان از ڈاکٹر فرمان فتح پوری
۴۔ اردو کی کہانی از ڈاکٹر سہیل بخاری

An overview on spelling and script of Urdu

* * *

۲

یوم مادری زبان: اردو کے غیر مسلم پرستار

ندیم صدیقی

اردو کے غیر مسلم پرستاروں کی ایک لمبی فہرست ہے اور ان میں ایسے بھی چند نہیں خاصی تعداد میں گزرے ہیں جنہوں نے اردو کو مالا مال کرنے میں اپنا بے مثال کردار ادا کیا ہے۔

ہم اپنے عہد پر ایک طائرانہ نظر ڈالتے ہیں تو تلوک چند محروم، جگن ناتھ آزاد، لبھو رام جوش ملسیانی، برج موہن دتاتریہ کیفی، کنور مہندر سنگھ بیدی سحر، رگھوپتی سہائے فراق، کالیداس گپتا رضا، بال مکند عرش ملسیانی جیسے نجانے کتنے نام ہیں جو اردو دنیا میں اپنے کام سے مشہور ہیں اور پھر پنڈت آنند موہن گلزار زتشی، خوشبیر سنگھ شاد، جینت پرمار سے لے کر ہمارے شہر کے راجیش ریڈی تک ابھی بھی اپنے فکر و فن سے زبان اردو میں شعر و ادب کی زلفیں سنوار رہے ہیں۔ اردو زبان کا وہ کون پڑھا لکھا انسان ہوگا جو انھیں نہ جانتا ہو۔ جن حضرات کے اخیر میں نام لئے گئے ہیں ان میں سے کوئی ایک بھی ایسا نہیں جو پچاس برس کی عمر سے کم ہو۔

اب آیئے ہم اپنی (مسلمانوں کی) طرف بھی نظر ڈالتے ہیں۔ مہاراشٹر میں بالخصوص ممبئی اور اطراف و جوانب میں اردو میڈیم اسکولوں کی کتنی تعداد ہے کون نہیں

جانتا، کالجوں ہی میں نہیں اردو نہیں پڑھائی جاتی ہے بلکہ یونیورسٹیوں میں بھی شعبۂ اردو قائم ہیں ایک بڑی تعداد میں اردو کے اساتذہ ان درسگاہوں میں موٹی موٹی تنخواہیں حاصل کر رہے ہیں۔ مگر ان اساتذہ کی اولادوں کے بارے میں یہ معلوم کرنا چاہیں کہ ان کے بچے کس میڈیم کے اِسکول میں پڑھ رہے ہیں۔؟

جو ہمارا مشاہدہ ہے اس کی روشنی میں عرض ہے کہ اتنی بڑی تعداد میں ان اساتذہ کے بچوں میں شاید ہی دو چار فیصد بچے ایسے ہونگے جو اردو میڈیم میں پڑھ رہے ہوں۔ ورنہ تو انگریزی میڈیم کی ایک آندھی ہے جس میں امیر غریب، سب اڑ رہے ہیں بلکہ اس اڑان پر فخر بھی کر رہے ہیں۔ ہم اردو کی نئی نسل سے جب بھی گفتگو کرتے ہیں تو ایک شدید احساس جاگتا ہے کہ اردو کا حسن اس کی شیرینی اسکے تلفظ اور اس کے اِملے میں چھپی ہوئی ہے اور نئی نسل کے اکثر لوگ اس نزاکت سے بے بہرہ ملتے ہیں۔ ان میں جو چند شاعر اور چند ادیب یا استاد ہیں ان میں بھی۔۔۔ عجب۔۔۔ مل جاتے ہیں اور رہے بعض اچھے لوگ!۔۔۔

اور استثنٰی تو ہر شعبے میں ہوتا ہے اور یہ بھی سچ ہے کہ استثنٰی معیار نہیں ہوتا!!

۔۔۔ ہمارے دیرینہ رفیق کار سید محمد عباس نے ایک بار اپنی عمر سے کہیں بڑے ایک گجراتی جین مہاشے سے ملایا کہ یہ کیشو بھائی ہیں۔ ایک مدت پنجاب میں رہ چکے ہیں جہاں ان کو اردو والوں کی صحبت میسر رہی اور انہی میں سے کسی شاعر و ادیب سے انہوں نے اردو پڑھ لی۔ اردو زبان کا ایک اعجاز ہی کہا جائے گا کہ اس زبان سے واقعی دلچسپی رکھنے والا شعر و ادب کی کشش کی طرف راغب نہ ہو تو تعجب کی بات ہوگی۔ کیشو بھائی جب اردو ادب کی طرف آئے تو زبان ان کی خود بخود نکھرنے لگی اور اعلیٰ اردو ہی نہیں فارسی زبان سے بھی آشنائی ہوگئی اب اگر ان سے آپ ملاقات کریں تو یہ مہاشے ایسی شستہ اردو میں

گفتگو کرتے ملیں گے کہ آپ کو شبہ ہوگا کہ آپ کسی جین کیشو بھائی سے بات کر رہے ہیں۔ اردو کے کلاسک شعرا کے انھیں اتنے شعر یاد ہیں اور دورانِ گفتگو بر محل اشعار یوں پڑھتے ہیں کہ تھوڑی دیر کیلئے آپ کو محسوس ہوگا کہ آپ پچاس برس قبل کے زمانے میں پہنچ گئے ہیں۔ دورِ گزشتہ میں ایسوں کا ملنا ہر گز تعجب خیز نہیں تھا اور ان کا یوں تذکرہ بھی ہر گز نہیں ہوتا۔

خیر یہ کیشو بھائی تو معمر شخص ہیں اس عمر کے لوگوں میں اپنی سنسکرتی، اپنی تہذیب اور اپنی بھاشا، ساہتیہ یا اپنی زبان وادب سے دِلچسپی کا عمل ممکن ہے مگر یہ جو کارپوریٹ دَور کی نئ نسل ہے اس میں جب کوئی کیشو بھائی جیسا مل جاتا ہے تو ہم جیسوں کی آنکھیں خیرہ ہو جاتی ہیں۔

گزشتہ اتوار ۱۵/ فروری کی شام سولاپور میں وہاں کی ایک تنظیم "اردو کانفرنس" نے "اردو دوست ایوارڈ" کے سلسلے میں ایک تقریب کا انعقاد کیا تھا اور مذکورہ ایوارڈ ایک جواں سال اردو داں "مَیور انڈی []" کو دیا جانا تھا۔ میور کے نام کا آخری لفظ 'انڈی' دراصل اس کے گاؤں کا نام ہے بعض علاقوں کے لوگ اپنے دیار کے نام ہی کو اپنا سَر نیم بنا لیتے ہیں میور نے بھی کچھ یوں ہی کیا۔۔۔

میور کو سولاپور کی خاتون میئر، ہمارے برادر اور اردو کے ایک اچھے شاعر شاہد لطیف کے ہاتھوں "اردو دوست ایوارڈ" تفویض کیا گیا۔ اس عمل کے بعد میور نے اظہارِ تشکر کے طور پر جو تقریر کی اس سے ہم پر اس کی اردو دانی کے جوہر کھلے۔

ہمارے کئی مراٹھی دوست ہیں اور ان میں سے بعض اردو دوست بھی ہیں مگر جب وہ اردو بولنے کی کوشش کرتے ہیں تو عموماً ان کا مراٹھی تلفظ اور مخرج آڑے آتا ہے۔ بالخصوص وہ Z (زیڈ)، ذ، ز، ض، ظ وغیرہ کا صحیح تلفظ ادا کرنے میں ناکام رہتے ہیں مگر میور

کی تقریر میں ایسا نہیں ہوا بلکہ اسے مبالغہ نہ سمجھا جائے تو عرض ہے کہ وہ پوری شائستگی کے ساتھ شستہ اردو بول رہا تھا۔ بعد میں یہ بھی پتہ چلا کہ اسے عربی کی شدبد بھی ہے اور وہ شعر و شاعری یا ادب ہی کا ذوق نہیں رکھتا بلکہ بتانے والوں نے تو یہ بھی بتایا کہ اس کے گھر میں امام بخاری کی شرح (احادیث) فتح الباری اور شرح ابو داؤد، بذل المجھود جیسی کتابیں بھی ہیں۔ یہ سن کر ہمارا منہ حیرت سے کھلا رہ گیا۔

تقریب کے دوسرے دن میور سے کوئی دو گھنٹے کی ایک تفصیلی ملاقات ہوئی اس ملاقات کا موضوع صرف اور صرف زبان ہی رہا اس طرح وہ اور کھلا اور اردو کا اس کا ذوق بھی نمایاں ہوا۔ جواں سال میور انڈی فردِ واحد ہے مگر ہمارے گھروں میں ہمارے دور قریب بھی ایسا کوئی جوان نہیں یہاں یہ بتانا ضروری ہے کہ وہ نہ تو شاعر و ادیب ہے اور نہ ہی اردو کا مدرس۔

جب یہ کالم آپ پڑھ رہے ہونگے تو اس دِن تمام دنیا میں "یوم مادری زبان" منایا جارہاہے۔

اس دن ذرا ہم اپنی مادری زبان کے تعلق سے صرف اتنا ہی سوچ لیں :

کیا اس زبان (اردو) کا ہم پر کچھ حق ہے؟ اور ہمارے ہاں میور انڈی جیسے جوان کیوں نہیں ملتے؟؟

The Non-Muslim Urdu Lovers. Essay: Nadeem Siddiqui

***

۳

ویدک ادب اور اردو: لفظ اردو کے نقطۂ آغاز کے بارے میں ایک انکشافی پہلو

امین بنجارا

ہندو سماج کے مقدس اور مذہبی صحیفوں میں ویدوں کو ہمیشہ ہی سے ایک اہم، مقبول اور مرکزی مقام حاصل رہا ہے۔ اس اہمیت، مقبولیت اور مرکزیت کی ایک وجہ تو یہ ہے کہ وید ہندو سماج کے مقدس ترین مذہبی صحائف میں شمار ہوتے ہیں اور ربّانیت، اُلوہیت اور اِلٰہیات کے نقیب تسلیم کیئے جاتے ہیں۔ دُوسری اور سب سے بڑی وجہ یہ ہے کہ ہندوؤں کی آئے دِن کی زندگی میں ویدوں کا عمل دخل اُن کے دُوسرے مذہبی صحائف کے مقابلے میں سب سے زیادہ ہے۔ اپنی قدامت کے لحاظ سے بھی اوّلیت کا شرف چاروں ویدوں ہی کو حاصل ہے۔ ہندو مذہب کے مقدس صحائف کے نزول یا تخلیق کی ترتیب کے جائزے سے پتہ چلتا ہے کہ سب سے پہلے رِگ وید وجود میں آیا، پھر یجر وید، پھر سام وید اور آخر میں اتھروید کی تخلیق ہوئی۔

بعد ازاں اُپنشدوں، شاستروں، پورانوں، شروتیوں اور سمرتیوں کی صورتوں میں دیگر مذہبی صحائف معرضِ وجود میں آئے۔ اُن سب کے بعد رامائن اور مہابھارت جیسی

مذہبی کتابیں ہندو سماج کا سرمایۂ حیات بنیں۔ ہندو مذہب کے محققین، ماہرین، مفسرین اور شارحین اِس بات پر متفق نظر آتے ہیں کہ وید کسی اِنسان کی تخلیق نہیں ہیں بلکہ اُن رحمانی الہامات کا نتیجہ ہیں، جو ایسے رشی منیوں کو ہوئے جو برسوں سے مراقبے میں ڈوبے ہوئے تھے اور جنھوں نے مراقبے ہی میں اُلوہیت کی سچائیوں کو دیکھا، اُن پر غور و فکر کیا اور پھر نظم کی صورت میں بیان کیا۔ ویدی ادب کے ماہرین نے اپنی قوتِ رسا اور صلاحیتوں کی بنیاد پر ویدوں کی تعریف و توضیح کرتے ہوئے اِس امر کو خصوصیت کے ساتھ پیش کیا ہے کہ مجموعی طور پر چاروں وید رُوحانی ادب کے ایسے جہاں ۵۹ ساگر ہیں جہاں سے نور، علم، عمل، آگہی، فلسفے، عرفان، اَقدار، اخلاق، بصیرت، بصارت، تلاش، تعبیر، صداقت، تہذیب، تمدن، ثقافت، مفہوم، معانی، فکر، فن، ازل، ابد، حق اور فنا کے سبھی سَوتے پھوٹتے ہیں، کائنات کے جملہ اَسرار آشکارا ہوتے ہیں اور جن سے مختلف صورتوں میں خالقِ کُل کی وحدانیت کا اِظہار ہوتا ہے۔ رِگ وید بنیادی وید ہے اور باقی تینوں ویدوں کا منبع بھی۔

اِنفرادی طور پر دیکھا جائے تو ہر وید ایک مخصوص وصف کا حامل بھی ہے۔ رِگ وید کی تعلیمات میں سائنس (وگیان) کو مرکزیت حاصل ہے جبکہ عِلم (گیان) یجر وید کا موضوعِ خاص ہے۔ سام وید میں مذہبی رسومات (کرم کانڈ) اور موسیقی (سنگیت) کا ذِکر ملتا ہے اور اتھر وید کی خوبی یہ ہے کہ اس سے موسیقی اور معمولاتِ زندگی کے علاوہ اقتصادیات (ارتھ شاستر)، سیاسیات اور سماجیات کا بھی علم ہوتا ہے۔ ایک تحقیق کے مطابق چاروں ویدوں کے ایک لاکھ منتروں میں سے صرف چار ہزار منتر عِلم سے وابستہ ہیں اور چھیانوے ہزار منتروں کا تعلق زندگی اور موت، موت کے بعد کی مذہبی رسومات (کرم کانڈ)، علم نجوم، علاج معالجے، تجارت اور واستو شاستر سے ہے۔ اِسی لیے ہندو سماج

میں ویدوں کو دُوسری مذہبی کتابوں پر برتری حاصل ہے اور روزمرہ کی زندگی اور معاشرتی مسائل کے حل کے لیے اُنہی سے رہنمائی حاصل کی جاتی ہے۔ میرے خیال میں یہ کہنا بے جا نہ ہوگا کہ وید ہی ہندو مذہب کی جڑیں ہیں اور دیگر صحائف شاخوں کا درجہ رکھتے ہیں۔

ویدوں کا کینوس اِتنا وسیع ہے کہ اُن کی حدود کا تعین نہیں کیا جاسکتا، اُن کی تفسیر آسانی سے بیان نہیں کی جاسکتی اور نہ ہی اُنھیں کسی ایک زبان تک محدود رکھا جاسکتا ہے۔ یہی وجہ ہے کہ مذاہب عالم کے دیگر مقدس صحیفوں کی طرح ویدوں کو بھی مختلف زبانوں میں منتقل کرنے اور اُن کی تفہیم و تعبیر کا سلسلہ آج بھی جاری ہے۔ ویدوں کو کس زمانے یا دَور میں تخلیق کیا گیا، اِس بارے میں ویدی ادب کے محققین کی آرا میں ڈھیروں اِختلافات موجود ہیں لیکن ویدوں کی زبان سے متعلق سب کا اِس بات پر اِتفاق ہے کہ صدیوں تک رِشیوں منیوں کے سینوں میں محفوظ رہنے، درس کے طور پر اساتذہ سے شاگردوں کی طرف منتقل ہونے اور خاندانی وراثت کی صورت میں پروہتوں کے دِلوں میں محفوظ رہنے کے بعد سب سے پہلے اُنھیں سنسکرت ہی میں قلم بند کیا گیا۔

قدیم بھارتی تہذیب و ثقافت کے مرقعے چونکہ ویدوں میں جابجا جلوہ گر ہیں، اِس لیے بھارت میں بولی جانے والی دیگر زبانوں اور علاقائی بولیوں نے بھی ویدوں کو خود میں سمیٹنے میں تاخیر نہیں کی۔ آج ویدوں کے تراجم مختلف زبانوں میں دستیاب ہیں۔ ہندی زبان میں تو یقیناً اُن کی تعداد بہت زیادہ ہوگی کیونکہ سنسکرت کا کافی سرمایا کسی نہ کسی صورت میں ہندی میں منتقل ہو چکا ہے۔ اردو کے بارے میں بھی میرا خیال یہی تھا کہ اس میں ویدوں کے تراجم اور اُن سے متعلق تصنیفات و تالیفات تو کافی ہیں لیکن اُن کے ناموں اور اشاعتوں کے بارے میں معلومات مفقود ہیں اور پھر بازار میں بھی اس طرح کی

اردو کتب نایاب ہی ہیں۔ اب اردو میں ویدوں اور اُن سے متعلق دستیاب کتب کی ایک طویل فہرست ڈاکٹر اجے مالوی کی کتاب "ویدک ادب اور اردو" میں جو دیکھی تو مجھے بے حد مسرت ہوئی اور فخر بھی ہوا کہ اِس طرح کے مقدس اور آفاقی موضوعات کو اپنی رُوح میں اُتارنے کا جذبہ اردو میں بدرجۂ اتم موجود ہے۔

ڈاکٹر اجے مالوی دور حاضر کے بالغ نظر محقق اور ہندو مذہب کے قدیم ترین صحائف کے تازہ دم پارکھ ہیں۔ "ویدک ادب اور اردو" اُن کی اہم اور قابلِ تحسین پیشکش ہے جو پہلی بار جنوری ۲۰۰۹ء میں کتابی صورت میں شائع ہوئی اور اب تک اس کے پانچ اڈیشن چھپ چکے ہیں۔ اس کتاب میں اُنھوں نے رِگ وید، یجر وید، سام وید اوراتھر و وید جیسے قدیم ترین اور اُلوہی صحیفوں اور ویدوں کی روشنی میں لفظ "اردو" کی اِبتدا کو اپنی تحقیق کا موضوع بنایا ہے اور تلاش و جستجو کی کئی کڑی منزلیں کاٹنے کے بعد سنجیدہ، مستقل اور اِنکشافی نوعیت کام انجام دیا ہے۔ ہندو مذہب کے گرنتھوں اور شاستروں پر اُن کا یہ کوئی پہلا کام نہیں ہے۔ اِس سے قبل اور بعد میں بھی وہ اِس طرح کے موضوعات پر کافی کام کر چکے ہیں۔

اُن کی پہلی کتاب "اردو میں ہندو دھرم" ۲۰۰۰ء میں شائع ہوئی جس پر اُنھیں ۲۰۰۰ء ہی میں اُتر پردیش اردو اکادمی اور ۲۰۰۵ء میں بہار اردو اکادمی نے اپنے اِنعامات سے نوازا۔ ۲۰۰۶ء میں اُن کی کتاب بعنوان "شری مد بھگوت گیتا (نغمۂ یزدانی) کی تفسیر و تعبیر" شائع ہوئی جسے ۲۰۰۹ء میں بہار اردو اکادمی نے ایوارڈ سے سرفراز کیا۔ "ہے رام کے وجود پر ہندوستان کو ناز" اُن کی ایک اور تصنیف ہے جو ۲۰۱۱ء میں منظر عام پر آئی۔ ان کتب سے پتہ چلتا ہے کہ ہندو مذہب کے قدیم متون میں ڈاکٹر اجے مالوی کو گہری دِلچسپی ہے۔ اُنھوں نے خود کو اِس کام کے لیے وقف کر رکھا ہے۔ "ویدک ادب اور

اردو" کا مطالعہ کرتے ہوئے مجھے کہیں بھی یہ محسوس نہیں ہوا کہ ایک ہندو ہونے کے ناطے یا مذہبی فکر کے زیر اثر اُنھوں نے یہ کتاب لکھی ہے بلکہ اُن کے کام میں تحقیقی زاویوں کا عمل دخل کہیں زیادہ نظر آیا۔ وہ ویدوں کا غیر جانبدارانہ جائزہ لیتے ہوئے قارئین کو ٹھوس اور مستند معلومات فراہم کرتے دکھائی دیتے ہیں۔

"ویدک ادب اور اردو" تین ابواب میں منقسم ہیں۔ باب اوّل کا عنوان "ویدک ادب" ہے جو وید کے معانی و مفاہیم، ویدوں کی تخلیق کا زمانہ، ویدوں کا خاکہ، رِگ وید، یجر وید، سام وید اور اتھر و وید جیسے ذیلی عناوین سے مزین ہے۔ باب دوم کا عنوان "مصدرِ اردو" ہے اور اردو کا ویدی اسطوری ماڈل، اردو کا نخشتمثالی پیکر، بنیادی توانائی کی نخشتمثالی تحریر، بنیادی توانائی کی آزادئی دید اور عرفان اور اردو اِصطلاح کی معرفت عظمیٰ اِس باب کے ذیلی عناوین ہیں۔ باب سوم کو مصنف نے " اردو میں ویدوں، اُپنشدوں اور اُن سے متعلق تصنیفات و تالیفات کی تعداد "کا نام دیا ہے۔

باب اوّل میں ڈاکٹر اجے مالوی نے ویدک لٹریچر کے چند لائق و فائق آچاریوں اور سنسکرت کے ماہرین کے حوالوں کو پیش کرتے ہوئے یہ واضح کیا ہے کہ لفظ' وید، سنسکرت زبان کے لفظ 'وِد، سے مشتق ہے جس کے معنی علم یا جاننا کے ہیں۔ چونکہ یہ چاروں صحائف علومِ ظاہری و باطنی کے مخزن ہیں اِس لیے ویدوں کے نام سے مشہور ہوئے۔ ویدوں کو ہندو سماج میں اعلیٰ و ارفع مقام حاصل ہے اور یہ رُوحانیت سے لبریز ہیں۔ اُنھوں نے یہ نتیجہ پیش کیا ہے کہ وید آسمانی صحائف ہیں اور اُن کی تخلیق کسی مخصوص عہد میں نہیں ہوئی بلکہ تین سو رِشی منی ساڑھے سات سو برسوں تک وید کے اشلوکوں کو تصنیف کرتے رہے۔ ڈاکٹر اجے مالوی لکھتے ہیں کہ ویدک ادب کو سنہیا، برہمن، آرنیکا اور اُپنشد میں تقسیم کیا گیا ہے۔ رِگ وید قدیم اور بنیادی وید ہے اور

تاریخی لحاظ سے رِگ وید کی تخلیق آریوں نے پنجاب میں کی۔ رِگ وید کے منتروں سے تخلیق ہونے والے یجر وید کا ظہور اُس وقت ہوا جب کورو پانچال ریاست میں پہنچ چکے تھے۔ سام وید میں گائے جانے والے منتر موجود ہیں اور چوتھے وید کو اتھر ورِشی نے لکھا اِس لیے اُسے اتھر ووید کہا جاتا ہے۔ ویدوں کے بارے میں کہا جاتا ہے کہ خدا نے کائنات کی تخلیق کرنے سے قبل اگنی رشی کو رِگ وید، وایو رِشی کو یجر وید، آدتیہ رِشی کو سام وید اور انگرا رِشی کو اتھر ووید کی تعلیم دی۔

"ویدک ادب اور اردو" میں ڈاکٹر اجے مالوی نے ویدوں کی روشنی میں لفظ "اردو" کے نقطۂ آغاز کے بارے میں جو نظریہ پیش کیا ہے وہ قابلِ تعریف بھی ہے، پڑھنے والے کو چونکاتا بھی ہے اور غور و فکر کے کئی نئے دَر بھی وَا کرتا ہے۔ اُنھوں نے اِس کتاب کے دُوسرے باب "مصدرِ اردو" میں یہ ثابت کرنے پر کافی قوت صَرف کی ہے کہ اردو خالصتاً ویدک لفظ ہے کیونکہ "اُر" اور "دُو" دونوں الفاظ ویدوں سے ماخوذ ہیں۔ یہاں میں نظام صدیقی صاحب کی فکر انگیز تحریر کا حوالہ دینا ضروری سمجھتا ہوں جسے ڈاکٹر اجے مالوی نے بھی خاص طور پر پیش کیا ہے۔ نظام صدیقی لکھتے ہیں:

"اُر" معنی دِل اور "دُو" معنی جاننا ہے۔ ویدک رِشی اور عارف دِل کو علامتاً رُوح اور جان کے لیے اِستعمال کرتے ہیں۔ در حقیقت رُوح کو جاننا خدا کو جاننا ہے۔ خود شناسی خدا شناسی ہے۔ (قرآن) اِس کے دُوسرے معنی دِل دینا اور دِل لینا ہے۔ در حقیقت اردو کے معنی ہی "دِل دو اور دِل لو" ہے۔"

ڈاکٹر اجے مالوی نے اِستدرا کی مطالعے کے بعد منطقی اِستدلال کو بروئے کار لاتے ہوئے یہ دعویٰ باندھا ہے کہ:

"اردو زبان کی زِندہ اور دھڑکتی ہوئی جڑ ویدک ثقافت میں موجود ہے۔ اُس کی حقیقی

جڑ کی تلاش میں ہم کو ویدک تہذیب کی گہرائیوں اور اُونچائیوں میں مستغرق ہونا پڑے گا۔"

اپنے دعوے کے حق میں اُنھوں نے رِگ وید کے چونسٹھ (۶۴)، یجر وید کے دو (۲)، سام وید کے دو (۲) اور اتھر وید کے دو (۲) یعنی ویدی ادب کے ایسے ستّر (۷۰) اشلوکوں کو مع ترجمہ پیش کیا ہے جن میں لفظ " اُر" اور "دُو" بطور مصدر اور اُرن، اُرو، اُروو، اُروہ، اُوروہ، اُوریہ، اُرورا، اُروراجتے، اُروشی، اُروشی اِڑا، اُرانہ، اُرا متھیہ، اُرجونپات، اُروارو، اُرویا، اُروی، اُروجما، اُرو جیوتی، اُرودھارا، اُرووِیچا، اُرووِیچپا، دَے، دَیتے، دداتی، دویوہ، دویہ، دِو، دوا، دَون، دتَے، داتُن، داتر، داشتی، دانتم، داتوے، دو، اور دوَو جیسے مشتق الفاظ "دِل" اور "جاننا" یا ان کے مماثل معنوں میں اِستعمال ہوئے ہیں۔

وہ مدلّلانہ اور فلسفیانہ انداز میں ان اَشہاد کو پیش کرتے ہوئے لکھتے ہیں:

" اردو (رُوح کو جاننا) خُدا کو جاننا ہے۔ عرفانِ رُوح عرفانِ اللہ ہے۔ معرفتِ نفس معرفتِ رُوحِ آفاق ہے۔ انڈو ایرانین آریا نے جب ہندوستان کی سرزمین پر قدم رکھا تو اُن کے رِشیوں (عارف باللہ) کے دانشی اور سینشی پس منظر میں محولہ بالا رُوحانی صداقتیں روشن و منوّر تھیں۔ اس مقدس ذہنی پس منظر میں اُنھوں نے لفظ "اردو" کا استعمال کیا تھا، جس کا شعوری اِستعمال وہ پہلوی زبان (پارسی) میں بہت پہلے سے کرتے آرہے تھے۔ ایران جانے سے قبل وہ تُرکستان گئے تھے اور وہ اردو کو اسی رفیع ترین معنی میں استعمال کرتے تھے اور یہ اردو لفظ رِگ ویدی عہد سے دسویں صدی تک مسلسل بغیر کسی تغیر کے اِستعمال ہوتا رہا ہے اور آج بھی ہو رہا ہے۔

ہندوستان کی تمام جدید زبانیں مختلف لسانی تبدیلیوں کے ساتھ دسویں صدی میں وجود میں آئیں لیکن ویدک ادب میں اِستعمال کردہ لفظ اردو اور امن (ماورائے دماغ آشتی

اور اسلام کے معنی میں) متواتر اِکیسویں صدی تک ہو بہو استعمال ہو رہے ہیں اور خصوصاً اردو کی یہ مقدّس ویدی اِصطلاح اِکیسویں صدی کے عالمی، قومی اور مقامی پس منظر میں حقیقی معنوں میں بین الاقوامی محبوبیت اور مقبولیت کی امین ہو گئی ہے۔ آج پوری دُنیا سمٹ کر عالمی گاؤں میں تبدیل ہو چکی ہے اور مشترکہ ہندوستانی تہذیب کا خورشید نشان اردو عالمی گاؤں کا جاگتا جگمگاتا ہوا عالمی نشانِ امتیاز بن چکا ہے۔ اِس قدیم ترین ویدی پس منظر سے اِکیسویں صدی کے مابعد جدید تناظر میں نئے عہد کی تخلیقیت تک اردو کی یہ ہر دلعزیز جوڑنے والی گنگا جمنی رُوح ہر عالَم میں غیر مشروط اِنسانیت کی ہمیشہ علمبردار تھی، ہے اور رہے گی۔ لہٰذا یہ اِنصاف کا تقاضا ہے کہ اردو اِصطلاح کے ضمن میں سوقیانہ لشکر، بازار اور کیمپ کی بگڑی ہوئی اِصطلاح قابلِ منسوخ ہے، جو تُرکی افواج اردو کی مسخ شدہ شکل میں اِستعمال کرتی تھیں اور جس کو سیاسی مصلحت باختگی کے تحت ایسٹ انڈیا کمپنی کے سربراہوں نے شعوری طور پر قبول کیا اور سیاسی مصلحتوں کے تحت نہایت بدنیتی سے شب وروز تبلیغ کی۔"

ڈاکٹر اجے مالوی کی اِس تصنیف کا تیسرا باب بھی بڑا اہم اور معلوماتی ہے۔ اِس باب میں اُنھوں نے ویدی ادب اور اس سے متعلقہ اُن تالیفات و تصنیفات کا تعارف پیش کیا ہے جو اردو میں شائع ہوئی ہیں۔ میں سطورِ بالا میں تحریر کر چکا ہوں کہ مجھے تو یہی گمان تھا کہ اردو میں ویدوں کے تراجم اور اُن سے متعلق تصنیفات و تالیفات ہیں تو سہی لیکن گم نام یا نایاب ہی ہوں گی لیکن اِس باب میں چونسٹھ (۶۴) اردو کتابوں کے بارے میں پڑھنے کے بعد میرا گمان جاتا رہا۔ دُوسرے باب کی مانند یہ باب بھی قابلِ مطالعہ اور اِنفارمیٹو ہے، بالخصوص اُن لوگوں کے لیے جو ویدی ادب، فن ترجمہ نگاری، اردو زبان کی سیکولر مزاجی اور مسلمانوں کی رواداری میں دلچسپی رکھتے ہیں اور اُن موضوعات سے متعلق لٹریچر

کی تلاش میں رہتے ہیں۔ اِس باب کی تیاری میں جو محنت اجے مالوی نے کی ہے وہ قابلِ ستائش ہے۔

خدابخش لائبریری پٹنہ، رضا لائبریری رام پور، سینٹرل لائبریری الٰہ آباد، الٰہ آباد یونیورسٹی لائبریری، بھارتی بھون لائبریری الٰہ آباداور چند ایک نجی کتب خانوں سے رجوع کرنے کے بعد جن چونسٹھ اردو کتب تک محقق کی رسائی ہو سکی، اُن میں وید اور قرآن کا مقابلہ، وید کا دھرم پرچار، صبحِ اُمید، یجر وید (از-لالہ نوندہ پرشاد)، مجموعہ اُپنشد، برہم سوتر یا ویدانت سوتر، رگ وید آدی بھاشیہ بھومکا(از-سوامی دیانند سرسوتی)، ویدک تثلیث، ویدوں کی تعداد، ویدانت کلپدرم، رگ وید آدمی بھاشیہ بھومیکا(از-لالہ تولا رام)، وید آنووچن، یجر وید کا اردو ترجمہ دُوسرا ادھیائے، ویدک ہند، وید مت اور قربانی، وید بھگوان کی حقیقت اور قرآن کی کیفیت، ویدانت، ویدوں کے ظاہری کندہ، تحقیق آریا، ویدوں کی حقیقت، یجر وید کا اردو ترجمہ (از-مولوی عبدالحق)، ایش اُپنشد (از-پرمارتھی جی)، کین اُپنشد، کٹھ اُپنشد (از-سوامی بھولے)، پرشن اُپنشد، صبحِ آفرینش (ویدوں کی روشنی میں)، ویدک پرارتھنا پستک، کٹھ اُپنشد (از-پرمارتھی جی)، ویدانت درشن، کٹھ اُپنشد (از-سوامی درشانند)، پیامِ راحت یعنی ایشاواسیہ اُپنشد کے پہلے آٹھ منتروں کا مع شرح ترجمہ، وید کا سدھانت، آنند حقیقت، تاریخ ویدی لٹریچر، ویدانت درشن، وید اور اس کی قدامت، اُپنشد گیان امرت، رگ وید اور اُپنشد کی روشنی میں، ایش اُپنشد (از-وینکٹ راؤ)، ارمغانِ وید المعروف رام راج (حصّہ اوّل)، منڈک اُپنشد، ویدک دھرم سوامی دیانند سرسوتی کے نقطۂ نظر سے، وید کا تعارف، شری ایش اُپنشد (از-سوامی پربھو پاد)، یجر وید (از-آشو رام آریہ)، رِگ وید، سام وید، وید اور قرآن، ایتریہ اُپنشد، یجر وید (از-نامعلوم)، ویدانت پرویشکا، وید کا بھید، ویدک

سندھیا، ویدوں کا بہشت، ویدک ایشور کی حقیقت، یجر وید (از- دھرم پال)، ویدوں کی حقیقت، وید انت کی پہلی کتاب، کینوپ اُپنشد، مانڈوکیہ اُپنشد، اُپنشد پرکاش، یجر وید کا اردو ترجمہ (از- لکشمن آریو پدیشک)، یجر وید کا اردو ترجمہ حصّہ اوّل (از- منشی دیارام) اور یجر وید (از- دھرم پال) شامل ہیں۔ متذکرہ بالا چونسٹھ کتب میں سے اُنیس (۱۹) کتب کو تصنیف، تالیف یا ترجمہ کرنے کا اعزاز جن مُسلم اربابِ قلم کو حاصل ہے اُن میں بشیر شاہ کوٹی، مولوی حمید احمد انصاری، خواجہ غلام الحسنین، محمد سلطان، مولوی احمد حسین خان، مولوی عبدالحق، سیّد محمد رضوی تسکین، مولوی حبیب الرحمن شاستری، حکیم احمد، اکبر شاہ خان، ڈاکٹر شکیل الرحمن، عبدالرحمن صدیقی، خالد حامدی، محمد فاروق خان، مولوی عبدالصمد رحمانی، مولوی عبدالحق ودیارتھی، حاجی رحیم بخش اور مولوی عبدالمکرم بقا حسین کے نام شامل ہیں۔

چالیس صفحات پر پھیلے ہوئے اِس باب کا ایک وصف یہ بھی ہے کہ ڈاکٹر اجے مالوی نے ان کتب کا سنہ اشاعت، پرنٹنگ پریس کا نام اور کتب کا اندارج نمبر بھی دے رکھا ہے تاکہ کوئی اگر اُن کتب خانوں میں جا کے ان کتابوں کا مطالعہ کرنا چاہے تو اُسے چنداں دِقّت پیش نہ آئے۔ یہ فہرست دیکھنے کے بعد مجھے لگا کہ اگر ڈاکٹر اجے مالوی کچھ وقت اور لیتے اور بھارت کے دیگر کتب خانوں کی طرف بھی رجوع کرتے تو ممکن ہے ویدی ادب سے متعلق اردو کتابوں اور مُسلم مترجمین و محققین کی یہ فہرست مزید طویل ہوتی، تاہم پھر بھی وہ تحسین اور تہنیت کے مستحق ہیں کہ اِتنے عمدہ کام کو اُنھوں نے پایۂ تکمیل تک پہنچایا۔

ڈاکٹر اجے مالوی چونکہ ایک نوجوان محقق اور بالغ نظر اُستاد ہیں اِس لیے وہ جانتے ہوں گے کہ تحقیق کے شعبے میں کوئی حرف، حرفِ آخر نہیں ہوتا۔ وہ یہ بھی جانتے ہوں

گے کہ لہجے کی تلخی و ترشی، جارحانہ رویہ اور جذباتیت کی بھرمار سنجیدہ معاملات کا وزن گھٹا دیتی ہے۔ مَیں تو نئی نسل کو ہمیشہ یہی بات ذہن نشین کرنے کے لیے کہتا ہوں کہ تحقیق کے شعبے میں کوئی کیا کہتا ہے اور کیا سمجھانا چاہتا ہے، وہ زیادہ اہم نہیں ہے۔ اہم یہ ہے کہ آپ کیا مفہوم لیتے ہیں اور آپ کا ردّ عمل کیا ہے۔ تحقیق کے میدان میں کسی کی منفی سوچ اور فساد انگیزی کب اپنی موت آپ مر جائے گی، اِس کی فکر نہ کیجئے۔ فکر اس بات کی کیجئے کہ آپ کس قدر مثبت رُجحانات کے حامل ہیں اور آپ کی امن پروری کب تک زِندہ رہے گی۔ یہ نہ دیکھئے کہ کون کس قدر ہذیانی کیفیت کا شکار ہے۔ آپ بس اس بات پر توجہ دیجئے کہ آپ کا لب و لہجہ کتنا شگفتہ، پُر اعتماد اور معنی خیز ہے۔ اب ڈاکٹر اجے مالوی بھی نئی نسل کے رہبر کے طور پر اُبھر رہے ہیں تو یقیناً اِس طرح کی باتوں پر اُن کا بھی کچھ نہ کچھ ایمان تو ضرور ہو گا۔

بہر کیف "ویدک ادب اور اردو" اردو زبان و ادب میں ایک مستحسن اضافہ ہے جس کے لیے ڈاکٹر اجے مالوی والہانہ پذیرائی کا اِستحقاق رکھتے ہیں۔ اردو زبان کے آغاز کے بارے میں اُن کے نظریات اور اِنکشافات کو فوری طور پر قبول کرنے میں کسی کو قباحت ہو سکتی ہے لیکن اردو کے تئیں اُن کے اِخلاص اور خیالات کو یکسر ردّ بھی نہیں کیا جا سکتا۔ لفظ "اردو" کے بارے میں ماہرین لسانیات کی بہت سی تھیوریاں پہلے ہی سامنے آچکی ہیں اور ممکن ہے آگے بھی آئیں لیکن ڈاکٹر اجے مالوی نے جہاں ویدی ادب کے منظر نامے میں بھارت کی قدیم ترین مذہبی روایات اور تہذیب و ثقافت کے رنگ رُوپ کو اُجاگر کیا ہے وہیں یہ بھی ثابت کرنے کی کامیاب سعی کی ہے کہ وید منتروں کی رُوح میں اردو سانس لیتی ہوئی نظر آتی ہے۔ شاید اِسی لیے پروفیسر گوپی چند نارنگ صاحب اور پروفیسر شکیل الرحمن صاحب ایسی نابغۂ روزگار شخصیات اور ڈاکٹر مشتاق صدف

صاحب ایسے جواں سال محقق و ناقد نے اُن کی پذیرائی اور قدر دانی میں فراخ دِلی سے کام لیا ہے۔ مجھے اُمید ہے ڈاکٹر اجے مالوی اِس نوع کے تحقیقی کام مستقبل میں بھی جاری رکھیں گے اور اردو کا دامن ویدوں، اُپنشدوں، شاستروں اور پورانوں کے منتروں اور اشلوکوں سے بھرتے رہیں گے۔

Vedic literature and Urdu. Essay: Amin Banjara

***

۴

سویرا : ادبی مجلہ جس نے لمبی عمر پائی

انتظار حسین

ابھی دو ڈھائی مہینے پہلے "سویرا" کا نیا شمارہ نمودار ہوا تھا جسے ہم نے بڑے ذوق و شوق سے پڑھا اور اس میں چھپنے والی مختلف تحریروں پر داد دی۔ اے لو، یہ تو پھر اس کا نیا شمارہ نمودار ہو گیا۔ سویرا کتنے زمانے سے اپنی بے قاعدگی کی روایت کو نباہتا چلا آ رہا تھا۔ یہ کیا ہوا کہ اپنی دیرینہ بے قاعدگی چھوڑ کر وہ اب باقاعدگی سے شایع ہونے لگا ہے۔

مگر یہ بھی تو دیکھو کو اس ادبی مجلہ نے کس زمانے میں ظہور کیا تھا۔ تب سے اب تک کتنے زمانے آئے اور گزر گئے۔ کتنے ادبی رسالے جاری ہوئے اور بند ہو گئے مگر سویرا وقتاً فوقتاً بند ہونے کا تاثر دیتا رہا ہے۔ بند کبھی نہیں ہوا۔ ہاں زمانے کے ساتھ اس کا رنگ بدلتا رہا ہے۔ تقسیم سے ذرا تھوڑا پہلے وہ بڑی شان سے نمودار ہوا تھا۔ ایک تو شکل و صورت کے اعتبار سے وہ بہت خوبصورت مجلہ نظر آ رہا تھا۔ پھر ترقی پسند تحریک کے گلیمر نے بھی اسے چار چاند لگا دیے تھے۔ وہ اس تحریک کے عروج کا زمانہ تھا اور سویرا ترقی پسند ادب کے ترجمان کے طور پر نمودار ہوا تھا۔

اس کے بعد اس کا دوسرا شاندار دور وہ ہے جب حنیف رامے نے اس کی ادارت سنبھالی تھی۔ حنیف رامے خود بھی تو نئے نئے نمودار ہوئے تھے۔ ایک نئے مصور کے طور

پر یعنی تجریدی مصوری جو پاکستان میں نئی نئی نمودار ہوئی تھی اس کے جلو میں حنیف رامے بھی نمودار ہوئے۔ اور جب سویرا ان کی ادارت میں نمودار ہوا تو وہ بھی اب نئے ادب کے ساتھ نئی مصوری کا بھی ترجمان بنا نظر آرہا تھا۔ رامے کی رخصتی کے بعد اس کی ادارت کا قرعہ محمد سلیم الرحمن کے نام کا نکلا۔ خیر وہ تو اب تک اس کے مدیر چلے آتے ہیں مگر اس فرق کے ساتھ کہ پہلے نیا ادارہ اور اس رسالے کے مالک و مہتمم نذیر چوہدری کے ساتھ ان کی سنگت تھی۔ اب ان کی آنکھ بند ہونے کے بعد ان کے صاحبزادے ریاض احمد کے ساتھ ان کی سنگت ہے۔

ویسے تو 'ادب لطیف' بھی پرانا پرچہ ہے بلکہ اس کی عمر 'سویرا' سے زیادہ ہے مگر تب سے اب تک اس کی ادارت ادلتی بدلتی رہی۔ رنگ رنگ کے ایڈیٹر آتے رہے جاتے رہے۔ سو اس چکر میں وہ اپنا معیار برقرار نہ رکھ سکا۔ 'سویرا' کا معیار اگر گرا نہیں تو اس کی ایک وجہ یہ بھی ہے کہ اس کی ادارت میں نشیب و فراز بہت کم آئے۔ اس وقت پچھلا پرچہ اور حالیہ شمارہ دونوں ہمارے سامنے ہیں اور دونوں میں ایسے مندرجات ہیں بالخصوص مضامین کے شعبہ میں جو داد کے مستحق ہیں۔ اور تو اس پرچے کو ایک معتبر و مستند محقق کا مستقل تعاون حاصل ہے یعنی ڈاکٹر خورشید رضوی جو عربی ادب کی تاریخ مرتب کر رہے ہیں۔ ان کے مضامین جو زیر ترتیب تاریخ کی کڑیاں ہیں تسلسل کے ساتھ اس میں شایع ہو رہے ہیں۔ اس مرتبہ بھی اس بیان کی نئی قسط اس میں شامل ہے۔

دوسرا مضمون آصف فرخی کا ہے۔ انھوں نے پریم چند کے افسانے 'شطرنج کے کھلاڑی' کا تنقیدی جائزہ لیا ہے۔ اس جائزے میں آصف فرخی نے اس افسانے کے بیان کے بارے میں دو سوال اٹھائے ہیں۔ ایک تو یہ کہ افسانہ نگار بیچ بیچ میں خود بہت بولتا نظر آتا ہے۔ دوسرا اعتراض یہ ہے کہ پریم چند نے لکھنؤ کے اس بیان پر اعتبار کیا ہے جو

انگریزوں نے اپنے سامراجی مقاصد کے تحت پیش کیا تھا۔

یہ دوسرا اعتراض پہلے اعتراض سے بڑھ کر قابل توجہ ہے۔ اس کے بارے میں چند باتیں ہم بھی کہنے کی جرأت کریں گے۔ اول تو اس بیان میں ایک تاریخی غلطی ہے۔ افسانے میں دکھایا گیا ہے کہ ۱۸۵۷ء کے ہنگامے کے دوران انگریزوں نے جب لکھنؤ پر چڑھائی کی تو واجد علی شاہ کو گرفتار کیا۔ غلط۔ واجد علی شاہ کو ایک سال پہلے انھوں نے معزول کیا اور گرفتار کر کے کلکتہ روانہ کر دیا۔

دوسری بات یہ ہے کہ کہاں کی شطرنج؟ کہاں کی مرغ بازی۔ اس وقت تو پورا شہر بغاوت کی آگ میں جل رہا تھا۔ تاریخ یہ کہتی ہے کہ دلی سے بڑھ کر جس محاذ پر انگریزوں کے خلاف معرکہ آرائی ہوئی ہے وہ لکھنو کا محاذ ہے۔ تعجب ہے کہ اس ہنگام میں پریم چند کو شطرنج کے کھلاڑی تو نظر آ گئے نواب حضرت محل نظر نہیں آئی۔ ستاون کے معرکے میں سب سے بڑھ کر دو عورتوں نے مزاحمت کا حق ادا کیا تھا۔

رانی جھانسی نے اور حضرت محل نے۔ جب لکھنؤ کے محاذ پر شکست کے آثار نمودار ہوئے تو دلی کے محاذ کے برخلاف حضرت محل نے ہتھیار نہیں ڈالے بلکہ اپنے لشکر کے ساتھ لڑتی ہوئی لکھنؤ سے نکل گئیں۔ بلکہ یہاں تک ہوا کہ جب ملکہ وکٹوریہ نے عام معافی کا اعلان کیا تو حضرت محل نے اس پیش کش کو ٹھکرا دیا اور ملکہ کے بیان کے جواب میں اپنا بیان جاری کیا۔ لڑائی میں جب پیچھے ہٹنا پڑا تو یہ خاتون اپنے بچے کھچے ساتھیوں کے ہمراہ ترائی کے جنگلوں میں نکل گئی۔ وہاں سے نیپال کی راہ لی۔ آخری ایام کٹھمنڈو میں گزارے۔ وہیں اس کا انتقال ہوا۔ کٹھمنڈو میں اس کا مزار خستہ حالت میں ابھی موجود ہے۔

یہاں تیسرا مضمون ناصر عباس نیر کا ہے جو ہمارے نئے نقادوں میں سب سے بڑھ

کر ہیں۔

تنقیدی مضامین سے ہٹ کر جو مضامین ہیں ان میں ایک مضمون بلکہ اسے خاکہ کہئے عرفان جاوید کا ہے 'بارش، خوشبو اور سماوار'۔ یہ اس رومانی روح کا تذکرہ ہے جس کا نام اے حمید تھا۔ اور خوب تذکرہ ہے۔ اے حمید اپنے سارے رومانی مزاج کے ساتھ یہاں چلتا پھرتا نظر آتا ہے۔

افسانوں میں ایک افسانے نے ہمیں خاص طور پر متوجہ کیا۔ خاص طور پر اس واسطے سے کہ یہاں ایک لوک کہانی کا بہت سلیقہ سے استعمال کیا گیا ہے۔ "ماسی ستو چارخانہ کھیس میں لپٹی ٹھنڈے فرش پر اکڑوں بیٹھی کہانی کہہ رہی تھی...ناگ شہزادے کی کہانی... سنہرے سانپ نے اپنی ناگن سے کہا کہ اگر تم اجازت دو تو میں شہزادے کا روپ دھار کر ڈولی میں بیٹھ جاؤں۔" ایسی ان گنت کہانیاں اس برصغیر کی فضا میں صدیوں سے منڈلا رہی تھیں۔ گھروں میں کوئی نانی، کوئی دادی، کوئی ماسی جاڑوں کی لمبی راتوں میں گرم دہکتی انگیٹھی کے گرد جمع بچوں کے بیچ بیٹھ کر کوئی ایسی ہی کہانی شروع کرتی کہانیوں کی یہ روایت نانیوں دادیوں اور ماسیوں کے واسطے سے خاص طور پر رات کے اوقات میں اپنا جادو جگاتی تھی۔ یہاں نئی افسانہ نگار نے اس قدیم روایت سے استفادہ کر کے اپنی نئی کہانی لکھی ہے۔

شاعری کے ذیل میں پہلے تو ایک نئی غزل گو کے یہ شعر سنئے۔ نیارنگ، نیا لہجہ:

امن لکھنا نہیں سیکھے جنھیں پڑھ کر بچے
ان کتابوں پہ کسی کی بھی سند ہو، رد ہے
اپنی سرحد کی حفاظت پہ ہے ایمان مگر
زندگی اور محبت پہ جو حد ہے، رد ہے

....

میرے پنجرے میں آؤ تو میں تم کو سنواؤں
ایک پرندہ، ایک ہی نغمہ، ساتوں سر میں گائے
سب کے اپنے اپنے کانٹے، اپنی اپنی ٹھوکر
میں نے اپنے سارے حصے تیرے ہاتھوں پائے

The continuous publishing of oldest Urdu literary journal 'Savera'

***

۵

اقبال متین : اردو کے معروف افسانہ نگار

نورالحسنین

حیدرآباد کے معروف بزرگ افسانہ نگار جناب اقبال متین آج ۵ / مئی ۲۰۱۵ کو انتقال کر گئے۔ آج بعد نماز مغرب عیدی بازار (حیدرآباد) میں ان کی تدفین مقرر ہے۔

اردو افسانہ نگاروں کی وہ نسل جو جوگیندر پال، رام لال، سریندر پرکاش، اقبال متین، رتن سنگھ، اقبال مجید، جیلانی بانو وغیرہ پر مشتمل ہے۔ان میں اقبال متین کی شناخت قدرے مختلف ہے۔

کیونکہ ان کے افسانے نہ تو محض داخلیت کی بھول بھلیوں میں گردش کرتے ہیں،اور نہ ہی تجربات کی بھٹی میں جھلس کر قاری سے اس کی قابلیت کا امتحان لیتے ہیں۔ البتہ ان کے افسانے نہاں خانہ دل کے تاروں کو چھیڑتے ہیں۔روح کی گہرائیوں سے سوال کرتے ہیں۔ عصری آگہی کے ویرانوں میں اس پہاڑ کی مانند جل اٹھتے ہیں، جس کا دھواں تو نظر نہیں آتا لیکن روشنی کی ایک لکیر بن کر احساسات کو خیرہ کر دیتے ہیں۔ان کے کرداروں سے ملکر اجنبیت کا احساس نہیں ہوتا۔ بلکہ وہ اپنے اطراف و اکناف میں سانس لیتے ہوے دکھائی دیتے ہیں۔ان میں متمول افراد بھی ہیں، درمیانی طبقہ بھی ہے، لٹے پٹے نواب، جاگیر دار اور زمیندار بھی ہیں اور وہ افراد بھی ہیں جو بظاہر

ہماری زندگیوں میں شامل ہوتے ہوئے بھی ہماری فکر کا حصہ نہیں بنتے، موضوعاتی سطح پر اگر ان کے افسانوں کا تجزیہ کیا جائے تو ان کے افسانوں کا محور بلکہ بنیادی محور "محبت" ٹھہرتا ہے۔

محبت کے اس سفر میں ان کے ساتھ ایک کارواں ہے، جس میں رشتے اپنے تقدس کے ساتھ، مسائل تمام تر حشر سامانیوں سے لدے اور حالات اپنی پیچیدگیوں کے ساتھ موجود ہیں۔

اقبال متین سے میری ملاقات اس وقت ہوئی جب میں ہائی اسکول کا طالب علم تھا۔ان دنوں مجھے ادب کے مطالعے کا چسکہ لگ چکا تھا، گو فہم نے ابھی بال و پر نہیں نکالے تھے لیکن میں سمجھتا تھا کہ میں اپنے ہم عمروں میں بہت زیادہ ذی فہم ہوں، میری یہ پہلی ملاقات راست نہیں بلکہ میرے ہاتھ رسالہ "شاہکار"

لگ گیا تھااور میں نے ان کا ناول "چراغ تہہ داماں" پڑھ لیا تھا۔یقیناً اس وقت وہ ناول میرے سر پر سے گزر گیا تھا، لیکن کوشلیا کا کردار مجھے زندگی سے قریب کر گیا۔ میں اپنے آپ کو گھر کا ایک ذمہ دار فرد تصور کرنے لگا تھااور خاندان کی وہ نظریں جو میری لا ابالی فطرت کے سبب مجھ سے سوالات کرتی تھیں،ان نظروں سے سامنا کرنے کی مجھ میں ہمت پیدا ہوگئی۔اب سب میرے تھے۔میری زندگی کو ایک مقصد مل گیااور دل میں یہ خواہش انگڑائی لینے لگی کہ کبھی میں بھی اقبال متین کو اپنی آنکھوں سے دیکھوں۔ لیکن ہنوز دلی دور است تھی، وہ حیدرآباد اور نظام آباد کے درمیان گردش کر رہے تھے اور میں اورنگ آباد میں ان کی تخلیقات تلاش کر رہا تھا۔ مطالعے نے میرے ہاتھوں میں بھی قلم تھما دیا تھا۔افسانے، میں بھی لکھنے لگا تھا۔ موضوعاتی سطح پر گو میں نے ان کی تقلید نہیں کی۔ویسے بھی ان کی تقلید کرنا آسان نہیں،بہت مشکل ہے۔وہ مٹی سے سوندھاپن کشید

کرنا چاہتے ہیں اور میں ابھی تک مٹی کے اسرار کی بصارت سے ناآشنا، وہ پھولوں کی طرح کردار سے خوشبو، بدلتی قدروں سے عصری آگہی کے تقاضے اور نامساعد حالات میں بھی جینے کے حوصلوں کی باتیں کرتے ہیں۔ اور میں ماضی کے دھندلکوں میں حال کی چادر اوڑھے مستقبل کو بھی تشکیک بھری نظروں سے دیکھتا ہوں۔ اور وہ۔؟ اللہ کی پناہ۔ مثبت رویوں کا اتنا بڑا قلمکار بار بار پیدا نہیں ہوتا۔

اقبال متین کی شخصیت یقیناً صرف اہل حیدرآباد کے لیے نہیں بلکہ اردو دنیا کے لیے باعث افتخار ہے۔

بقول عابد سہیل۔۔۔

"اقبال متین اپنی کہانی کا مواد براہ راست زندگی سے حاصل کرتے ہیں۔ اسی سبب ان کے یہاں موضوع اور کرداروں میں بلا کا تنوع ملتا ہے اور ان کے کسی افسانے پر اپنے کسی دوسرے افسانے کی پرچھائیں نظر نہیں آتی، ان کے کردار زندہ، متحرک ہوتے ہیں اور ان میں وہ یک رنگی نہیں پائی جاتی جو ہیئت اور کسی ادبی یا سیاسی نظریہ پر فن کو قربان کر دینے سے پیدا ہو جاتی ہے۔ ان کے کرداروں میں وہ سارا تضاد پایا جاتا ہے جو زندگی سے عبارت ہے۔ ان میں نہ کوئی مکمل شیطان ہے نہ کوئی مکمل فرشتہ، سب انسان ہیں۔ فرشتہ صفت کردار ہمیں اچھے لگتے ہیں لیکن شیطان صفت کرداروں سے ہمیں نفرت نہیں ہوتی اور وہ حالات جنھوں نے ان کو ایسا بنا دیا ہے۔ ہمارے درمیان آ کھڑے ہو جاتے ہیں۔"

(عابد سہیل۔ گرد پوش۔ نچا ہوا البم)

اقبال متین کے افسانوں میں اکثر مقامات پر خود اقبال متین سے ملاقات ہو جاتی ہے ، اور ان کا پرتو قاری پر چھلک چھلک اٹھتا ہے دوریاں نزدیکیاں بن جاتی ہیں ،ان دیکھا مصنف قاری کی زبان بن جاتا ہے اور افسانہ دل کی دھڑکن بن کر خود سانسیں لینے

لگتا ہے۔ ان کا افسانہ "مسدود راستے" ہوں یا "خالی پٹاریوں کا مداری" یا "دریدہ" ان افسانوں کے سامنے ایک باپ کی ایسی تصویریں ابھرتی ہیں جہاں اس کا حساس دل زندگی کی حقیقتوں کا سامنا بھی کر رہا ہے، حالات سے سمجھوتے پر بھی مجبور ہے اور اپنی ذمہ داریوں سے آشنا بھی وہ کہیں بھی راہ فرار اختیار نہیں کرتا لیکن اپنی سینے میں اترنے والی ہر برچھی پر کبھی اپنے آپ پر کچھ راستے بند کرتا ہے کبھی قبرستان میں کوئی کچی قبر تلاش کرتا ہے اور کبھی ایک لمحہ رک کر اس بچے کو حسرت سے تکتا ہے جس میں وہ خود قید ہو کر رہ گیا۔

افسانہ "مسدود راستے" کا مرکزی کردار شرافت کا پتلا، خلوص کا پیکر اور زندگی سے جوجھنے والا کردار ہے لیکن انسان کی ساری خوبیاں اور ساری اچھائیاں اس کے معاشی حالات سے بندھی ہوتی ہیں۔ غالب کا خیال تھا۔

قرض کی پیتے تھے مئے، لیکن سمجھتے تھے کہ ہاں
رنگ لاویگی ہماری فاقہ مستی ایک دن

لیکن اقبال متین کے کرداروں کو فاقہ مستی کے رنگ لانے کی توقع بھی نہیں ہے اور انتظار بھی نہیں ہے۔ وہ خود اپنے آپ پر خلوص کے راستے بند کرتے جاتے ہیں، لیکن کیا محبت اور خلوص کے سارے راستے بند کرنے پر انسان قادر ہے ---؟ محبت تو کبھی ایسا قرض بھی بن جاتی ہے جس کا حساب چکتا کرنا ناممکن ہو جاتا ہے۔ اس کیفیت کو اور کہانی کے کلائمکس کو میں یہاں پر جان بوجھ کر تشنہ چھوڑ رہا ہوں تا کہ قاری خود اس افسانے کو پڑھے اور افسانے کے اچھوتے موضوع پر اقبال متین کو جی بھر کر داد دے سکے،

افسانہ 'دریدہ' کا مرکزی کردار صرف دانشوری کا نمائندہ نہیں ہے بلکہ اس میں ایک فرض شناس چوکنّا انسان بھی سانسیں لے رہا ہے وہ قلندروں کی طرح مطمئن بھی ہے

وہ سب کی خدمت میں کھڑا ہے۔ اس کی باتوں میں ایک کشش ہے جو بھی اس سے ایک بار ملتا ہے وہ اس کا گرویدہ ہو جاتا ہے۔ اس افسانے میں اس کی ذہانت، حاضر جوابی، دوراندیشی کی بہت ساری مثالیں بھی موجود ہیں وہیں اس کی طبعیت کا ایک انوکھا روپ بھی نظر آتا ہے۔ رات رات بھر ٹیپ ریکارڈر سننا، اپنی باتوں سے سب کو جگائے رکھنا، اس کی عادت ہے۔ اسی افسانے کا دوسرا اہم کردار 'نندو' ہے۔ اس کا بے حد چہیتا ساتھی، دونوں ہوسٹل کے ایک ہی کمرے میں رہتے ہیں، لیکن 'نندو'، 'سید' کی عادتوں سے بیزار ہے۔ سید سب کی زندگیوں میں دخیل ہے لیکن خود اس کے باطن میں کیا ہے کوئی نہیں جانتا، نندو چاہتا ہے کہ ہوسٹل کا کمرہ بدل لے، تاکہ اس سے نجات مل جائے۔ لیکن دوستی اور مروت آڑے آتی ہے۔ اسی بیچ نندو اپنے گاؤں چلا جاتا ہے اور کچھ دنوں کے بعد واپس آتا ہے تو پتہ چلتا ہے کہ سید نے خود ہی کمرہ بدل لیا ہے۔ کمرے کی ہر چیز قرینے سے رکھی ہوئی ہے وہیں نندو کو ایک پرچی ملتی ہے۔ تب پتہ چلتا ہے کہ سب کے دکھوں کا مداوا کرنے والا سید خود بھی کس قدر دکھی ہے۔

"وہ جو ٹیپ ریکارڈر پر دھری فریم میں جڑی ہوئی تصویر تم دیکھتے رہے ہو، سچ پوچھو تو وہ میرا بچپن نہیں ہے۔ وہ کھلنڈرا ہنس مکھ لڑکا میرا بیٹا تھا جو اب اس دنیا میں نہیں ہے۔ کچھ پیسوں کی سبیل کے امکانات نکل آئے سو اس کی قبر بنانے جا رہا ہوں۔ اس کی تصویر فریم میں سجا رکھی ہے لیکن اس کی قبر کے نشانات تک مٹ چکے ہیں۔ اب اسی کو کھوجنا ہے، وہاں سوائے زمین کے اب کچھ نہیں ہے۔ مٹّی کا تودا بھی نہیں۔"

شمس الرحمن فاروقی نے اقبال متین کے افسانوں کا نفسیاتی تجزیہ کرتے ہوئے بالکل درست لکھا ہے۔

"اقبال متین کی نفسیاتی گرفت اس قدر سچّی اور مضبوط ہے کہ ان کے افسانوں کے

کرداروں کی داخلی زندگی آئینہ ہو کر ہمارے سامنے آجاتی ہے۔"

(شمس الرحمن فاروقی۔ شب خون۔ شمارہ ۲۷۶)

اقبال متین کو افسانہ لکھنے کے لیے کچھ بہت بڑے موضوع کی ضرورت محسوس نہیں ہوتی، زندگی کے سچ یا کردار کی داخلیت سے وہ ایک ایسا موضوع تراشنے میں کامیاب ہو جاتے ہیں، جو ان کے ہاتھ لگ کر کندن بن جاتا ہے۔ چاہت انسان سے کیا کچھ کام نہیں کرواتی، اگر اظہار کی جرأت نہ ہو تو خواہش منہ دیکھتے رہ جاتی ہے اور ناکامی کس طرح مقدّر ٹھہرتی ہے۔ اس کی مثال 'شرمیلا' کے 'جواد' کے روپ میں دیکھی جاسکتی ہے، یا پھر افسانہ 'کھنڈر' عشق کی ناکامی کا نوحہ بنجاتا ہے۔ یہی محبت جب ہوس کے راستے جسموں میں داخل ہوتی ہے تو گھر تباہ ہو جاتے ہیں، لیکن جب جنون کی آگ ٹھنڈی ہو جاتی ہے اور ہوش کے ناخون بڑھنے لگتے ہیں تو کردار کا ایک ایسا روپ بھی سامنے آتا ہے جہاں ہوس اور احساسات میں تصادم شروع ہو جاتا ہے۔ افسانہ 'ڈور تھی' پانچ کرداروں پر مشتمل ہے ۔شوہر 'بروج' بیوی 'ڈور تھی' عاشق 'نقوی' اور ڈور تھی کے دو بچے گڈّو اور گڈّی۔

ڈور تھی دو بچّوں کی ماں ہونے کے باؤجود نقوی سے نہ صرف جسمانی تعلقات قائم کرلیتی ہے بلکہ اس کے ساتھ بقیہ زندگی بھی گزارنا چاہتی ہے۔ نقوی بھی اُسے اپنانے کے لیے تیار ہے۔ بروج اس سارے منظر نامے کا خاموش تماشائی ہے۔ وہ جسمانی طور پر کمزور نہیں ہے بلکہ نقوی سے زیادہ طاقتور، قوی ہیکل ہے۔ محبت کے اس تکون میں بروج کبھی نقوی پر نفرت کا شکنجہ نہیں کستا۔ خود نقوی کے دل میں بروج کے لیے بے حد احترام ہے ۔ایک وقت ایسا بھی آتا ہے کہ جب ڈور تھی اپنا گھر چھوڑ کر نقوی کے گھر چلی آتی ہے اور وہ دونوں ساتھ رہنے لگتے ہیں۔ یہاں سے کہانی ایک نیا موڑ لیتی ہے۔ بروج اور نقوی میں رقابت کے جذبات بھڑکنے کے بجائے ایک ایسی آگ روشن ہو جاتی ہے جو بچّوں کی خاطر

ہر سمجھوتے کو ممکن بنانے کے لیے راضی ہو جاتی ہے۔

افسانے کا کلائمکس قاری کو ایک ایسے چونکا دینے والے مقام پر پہنچا دیتا ہے جس کا وہ تصوّر بھی نہیں کر سکتا اور اقبال متین کا فلسفہِ محبت اُسے چاروں طرف سے جکڑ لیتا ہے۔

اقبال متین کا فلسفہِ محبت محدود نہیں ہے اور نا ہی مخصوص دلوں کے لیے مختص ہے ۔ وہ افراد بھی جن کا تعلق شرفاء کے قبیلے سے نہیں ہوتا لیکن ان کے پاس بھی محبت و مروت اور ہمدردی کا احساس ہے اور رشتوں کی پاسداری بھی۔ افسانہ 'درد کا رشتہ' کی کال گرل جہاں اپنے گاہکوں کی ہر طرح دلجوئی کرتی ہے وہیں اپنے شناسا کے لیے جس سے کوئی رشتہ نہیں ہے پھر بھی اس کی ضرورتوں کو محسوس کرتی ہے اور اپنے بھائی کے لیے وہ سب کچھ کرنے کے لیے تیار ہے جس وطیرہ پر صرف شرفا اپنا حق سمجھتے ہیں۔ اس افسانے کا منظر نامہ 'گھوڑ ریس' پر پھیلا ہوا ہے۔ اقبال متین اپنے قاری کو ریس (RACE) کی بنیادی باتوں سے بھی روشناس کرواتے ہیں جنھیں وہ بالکل نہیں جانتا، اس افسانے کی زیریں پرتوں سے معصومیت کا ایک ایک ایسا چہرہ بھی سامنے آتا ہے جو سعادت حسن منٹو کی 'سوگندھی' اور غلام عباس کے افسانے 'اُس کی بیوی' سے مختلف نہیں۔

اقبال متین ایک نہایت متنوّع افسانہ نگار ہیں۔ ان کا طویل افسانہ 'آنگن کی سہاگن' ممبئ کی جھگی جھونپڑیوں میں بسنے والے ایک مسلم خاندان کی عکاسی کرتا ہے تو افسانہ 'پو پھٹنے تک' حیدر آباد کے مضافات میں آباد ایک تلنگی خاندان کا نقشہ بھیپیش کرتا ہے۔ جھونپڑپٹیوں میں زندگی بسر کرنے والے افراد معاشی تنگدستی کے باعث زندگی کی کتنی ہی نعمتوں سے محروم ہی نہیں رہ جاتے ہیں بلکہ کبھی کبھی ان جھونپڑیوں میں رشتوں کا وہ تقدس بھی کھو بیٹھتے ہیں جو ان کی زندگیوں کا ماحاصل ہوتا ہے۔ ان انسانوں کی زبان و بیان اور رہائش طور طریقوں پر اس قدر کامیابی کے ساتھ گرفت کی گئی ہے کہ عقل اقبال

متین کے مشاہدے پر دنگ رہ جاتی ہے۔ ان کا ایک اور افسانہ 'شیبا' بھی موضوع کے لحاظ سے نہایت اچھّوتا افسانہ ہے بلکہ اگر یہ کہا جائے کہ اردو ادب میں اس قسم کے افسانے نہیں کے برابر ہیں تو غلط نہ ہو گا۔ دوسری عالمی جنگ کے پس منظر میں لکھا گیا یہ افسانہ انسانوں کی حیوانی جبلت اور حیوانوں کی انسانی صفات کا ایک ایسا مرقع بن گیا جہاں انسان بھی اپنے استحصالی عمل خود شرمندہ شرمندہ نظر آتا ہے۔ افسانے کا مرکزی کردار "شیبا" ہے۔ لیکن یہ شیبا آخر ہے کون؟ افسانے کا اقتباس خود تعارف کرواتا ہے۔

"شیبا جس نے زندگی کی صعوبتوں میں میرا ساتھ دیا، میری شیبا جو ہر صبح سے شام تک سنگاپور کی قید سے میری رہائی کی منتظر رہی، میری شیبا کی اس کمینے میجر نے بے حرمتی کی تھی 'بڑی تذلیل کی تھی اس کی' اتنی کہ خود اس کی قوم کے سپاہیوں نے اس حرکت پر ناپسندیدگی کا اظہار کیا تھا۔۔۔"

"کون تھی یہ شیبا۔نام بڑا خوبصورت ہے۔"میں نے پوچھا شیبا۔۔شی۔۔۔با۔۔شی۔۔۔با۔۔ مسعود نے دو ایک بار اسطرح اس کا نام لیا۔ کہنے لگا۔ میری کتیا۔ وفادار جانور' میری ڈارلنگ۔"

اقبال متین نے ایسی نہ جانے کتنی عظیم اور لاجواب کہانیاں اردو ادب کو دی ہیں 'لیکن ناقدین کے طبقے نے ان کے ساتھ انصاف نہیں کیا۔ اگر آج بھی ان کے کہانیوں کا محاسبہ کیا جائے تو ان کا قد ان کے معاصرین میں نکلتا ہوا ہی محسوس ہو گا۔ لیکن اقبال متین کو نہ کسی سے گلا ہے نہ شکوہ' وہ تو اس مور کے مانند ہے جو اپنے ہی رقص میں آپ بے خود ہے۔

اقبال متین نے آصف جاہی سلطنت کے کروفر کو بھی دیکھا' جاگیردارانہ ٹھاٹھ باٹ کو بھی جیا' اور پھر جب وقت بدلا تو انھوں نے شاہی کو عوامی اقتدار میں منتقل ہوتے ہوئے

بھی دیکھا۔ جاگیر داروں کو لٹتے ہوئے بھی دیکھا۔ امارت کے سرنگوں ہونے کے گواہ بھی بنے' قدیم اور جدید تہذیبوں کے تصادم کو بھی بھوگا' قدروں کو پائمال ہوتے ہوئے بھی دیکھا اور قدروں کے پاسبانوں کو اپنی آبرو کی مٹتی سسکتی آن بان کی پرورش کرتے ہوئے بھی دیکھا۔ اس لیے ان کا قلم ایک مخصوص روایت کا امین ہے۔ جدید سفر کا آشنا بھی ان کے کردار اعلیٰ اقدار کے پروردہ بھی ہیں اور بدلتے زمانے سے اس طرح آنکھیں بھی چار کرتے ہیں کہ عزت سادات کو بہر ال کسی صورت محفوظ بھی رکھنا ہے۔ جن ادیبوں نے محض سُنی سنائی کہانیوں پر خیالی گھوڑے دوڑاتے ہوئے جاگیر داروں کے ظلم' ان کے بے راہ روی اور ان کی عیاشوں کو گرفت کیا ہے انھیں اقبال متین کے ان افسانوں کو بھی ایک بار ضرور پڑھ لینا چاہیے' جو حقیقت کا آئینہ بھی ہیں اور ماضی کی معاشرتی تاریخ بھی۔ ان افسانوں میں "ملبہ، گرتی دیواروں، پانی کے چراغ، آدمی اور آدمی، کتاب سے کتبے تک اور اندھیروں کی لاج" وغیرہ شامل ہیں۔ جن کے کردار مٹتی تہذیب وتمدن کے نمائندے بھی ہیں جن میں انسانیت کی شمع بھی روشن ہے اور ان کے غم میں ماضی کی شاندار روائتیں بھی ہیں ان کی آنکھوں میں جلال وجمال بھی ہے اور حال کی بے بسی بھی۔

یہی وجہہ ہے کہ علاقے دکن میں ان کے ابھرنے والے اکثر ادیبوں نے ان سے روشنی حاصل کی۔ چناچہ ان کے فوری بعد اُبھرنے والی نسل میں رفعت نواز نے خاندان کی اہمیت، مٹتی ہوئی قدریں اور گرتی ہوئی تہذیب کی دیواروں میں آباد ان افراد کی کہانیوں لکھی ہیں جو رشتوں کی پاسداری اور محبت کے چراغ روشن رکھنے کا ہنر جانتے ہیں جن کی گھٹی گھٹی سانسوں میں بھی خلوص ٹپکتا ہے۔

ہم دکن والوں نے زندگی کے عروج و زوال کو بہت قریب سے دیکھا ہے۔ اگر اقبال متین' جاگیر دارنہ نظام کے چشم دید گواہ ہیں تو ان کے بہت بعد اٹھنے والے میری

طرح کے قلمکار اس کے نوحہ گر اور ماتم دار ہیں۔

اقبال متین مجھ سے اپنے افسانے پڑھواتے رہے اور میں ان سے ملاقات کے لیے تڑپتا رہا۔ حالانکہ اورنگ آباد سے حیدرآباد کا سفر زمین سے مریخ کا سفر بھی نہیں اور ایسا بھی نہیں کہ میں حیدرآباد تک نہیں پہنچا۔ لیکن ملاقات نہیں ہو سکی اور خواہش ہاتھ ملتے رہ گئی۔

افسانوں کے اس جادوگر سے میری پہلی روبرو ملاقات اس وقت ہوئی جب حیدرآباد میں عالمی اُردو کانفرنس کا اہتمام ہوا۔ اور مجھے اُس میں شرکت کا موقع ملا۔ پہلی نظر ہی میں محسوس ہوا، ارے یہ تو وہی "مسدود راستوں "کا مسافر ہے۔ ذہن نے کہا نہیں یہ "دریدہ" کا سید ہے، "خالی پٹاروں" سے کوئی سر باہر نکل آیا مجھے پہچانوں میں ہی "اقبال متین" ہوں، کبھی وہ ڈور تھی کا بروج لگا، کبھی نقوی کا حساس دل اس کے سینے میں دھڑکتا ہوا محسوس ہوا اور پھر جب میں نے ان سے ہاتھ ملایا تو محسوس ہوا، اس ایک ہاتھ میں جانے ان کے افسانوں کے کتنے ہی کردار مجھ سے مصافحہ کر رہے ہیں۔ میں نے ان کی طرف دیکھا تو ان کے چہرے کی وجاہت نے اعلان کیا تم مجھے افسانوں میں ڈھونڈ رہے ہو ارے میں تو سلطنت حیدرآباد کے عروج وزوال کا وقت ہوں۔۔۔

مجھے پہچانو، میں "اقبال متین" ہوں۔

Iqbal Mateen, renowned Urdu short-story writer

***

۶

فاروقی کی افسانہ نگاری کے خلاف

رحمٰن عباس

" چپ رہو۔ جانتے ہو، لفظ 'واقعہ' کے معنی حقیقت بھی ہیں، اور خواب بھی اور موت بھی "

(لاہور کا ایک واقعہ: صفحہ نمبر ۳۵۱)

شمس الرحمن فاروقی نے چند برس قبل "افسانے کی حمایت میں "مفصل اور مدبرانہ دلائل پیش کر، اس یتیم صنف کے ساتھ جو سلوک کیا تھا اس سے اچھے اچھے افسانہ نگار اپنی عفت و عصمت کے بکھرے ریشوں کو جمع کرنے میں ناکام پڑ گئے تھے۔ مگر قیامت دیکھئے اسی صنف نے فاروقی صاحب کے اندر پوشیدہ تخلیقی ذہن کو اردو ادب کی دنیا میں احترام کا مقام عطا کیا ہے۔ بے شک بطور ناقد شعر اور شعریات فاروقی صاحب کی صلاحیتیں اردو ادب کی تاریخ میں اپنا لوہا منوا چکی ہیں، مگر شاعر وہ عمدہ کبھی نہ کہلا سکے۔ یعنی 'تخلیق کار" کا درجہ انھیں کبھی اس معیار و قدر کا حاصل نہ ہوا تھا جس کے امکانات ان میں موجود تھے۔ شاید یہی احساس تھا جس نے انھیں اپنی کہانیوں کو اپنے نام سے چھپوانے کی ہمت نہیں دی۔ وہ نام بدل کر بہروپیے کی طرح اردو فکشن کے اسٹیج پر وارد ہوئے اور "غالب افسانہ" کے ساتھ اردو افسانے پر غالب ہو گئے۔ مجھے یاد ہے "غالب

افسانہ" پڑھتے ہی میں نے بھی انھیں فوراً خط لکھا تھا اور کہا تھا اس اسلوب میں افسانہ نیّر مسعود اور آپ کے علاوہ شاید ہی کوئی اور لکھ سکے۔ اور یہی غالباً دیگر حضرات کا خیال تھا جو فکشن سے واقف تھے / ہیں۔

فاروقی صاحب کے افسانوں پر گفتگو کا بازار گرم ہوا اور یہ سلسلہ چلتا رہے گا۔ ان پانچ افسانوں نے اردو کہانی کو ایک طرف تہذیبی ثقافت / ادبی لسانی ثقافت / قومی تاریخی ثقافت / ارتقائی سیاسی اثر پذیری / ماضی کی بازیافت اور بیانیہ کے رول / تاریخی حقیقت نگاری کے اسالیب / افسانوی غیر حقیقت نگاری / داستانوی متن کی تشکیل نو / جیسے کئی مسائل پر بحث کے لیے نئے زاویے دیے ہیں۔ تو دوسری طرف خاص طور پر بائیں بازو کے ادیبوں کے لیے عجیب کشمکش پیدا کر دی ہے۔ [میں ان میں سے ایک ہوں]

(۱) زبان کا رشتہ مذہبی ثقافت سے کس حد تک ہو؟

(۲) ادب کی تخلیق میں ارادے کا دخل کتنا ہو؟

(۳) تاریخ کی تشکیل نو کے مآخذ کا احتساب کن بنیادوں پر کیا جائے؟

(۴) تاریخ پرستی سے مستقبل کی دریافت ممکن ہے یا نہیں؟

(۵) ادبی سرمائے کی اہمیت کا جواز کیا ہو؟

(۶) احتجاج کے بغیر سماجی و تاریخی حقیقت نگاری کیوں کر ممکن ہے؟

(۷) ماضی پرستی کے نقصانات کیا کیا ہیں؟

(۸) اور ایسا بیانیہ کس کام کے لیے، جس سے حال کا نوحہ رقم نہ کیا جائے؟

(۹) جدلیاتی نظام کے بغیر سماج کی تصویر کشی کسی سیاسی منشور کا حصہ تو نہیں؟

اس طرح کے بے شمار سوالات میرے ذہن اور میری طرح کے بائیں بازو اور احتجاج میں یقین رکھنے والے ادیبوں کے دماغ میں آتش فشاں بن کر اُبلے' ___ بعض

نے چپ سادھ لی، بعض نے فاروقی کے افسانوں کو غیر حقیقی اور زندگی سے فرار قرار دیا۔ اور بعض نے " فاروقی کی نیت ٹھیک نہیں ہے۔" ایسے ذیلی عنوانوں سے خود کو بہلایا۔ بعض نے کہانیوں کو پڑھے بغیر انھیں غیر معیاری قرار دینے کے بہانے مثلاً مابعد جدید تعویزیں ایجاد کرلیں ___ میرے اندر خود کو بہلانے کے ہنر موجود نہ تھے اس لیے میں نے بیشتر افسانہ نگاروں سے فاروقی صاحب کی افسانہ نگاری پر گفتگو کی چند ایک سے خط و کتابت کی ___ میں نے سوال کیے: بتائیے فنّی ، تکنیکی اور ادبی نقطۂ نظر سے فاروقی کی افسانہ نگاری میں کیا عیوب ہیں ؟ جواب نہ ملے ___ میں نے پوچھا بتاؤ: وہ ماضی پرستی کیوں عذاب ہے جس میں ثقافت مسخ نہیں کی گئی ہے ؟ جواب نہ ملا ___ میں نے پوچھا بتاؤ: کس اردو افسانے پر اس قدر گفتگو ہوئی ؟ جواب نہ ملا۔ میں نے پوچھا: ____

خیر جواب نہ ملے۔ اسی دوران فاروقی صاحب کی کتاب "سوار اور دوسرے افسانے" قمر صدیقی نے مجھے بھیجی۔ ___ میں نے کہانیوں کو سنجیدگی سے پڑھنا شروع کیا۔ کیوں کہ اپنے سوالات کی صلیب اس کتاب کی سطور میں مجھے خود تلاش کرنی تھی ___ مجھے اردو فکشن نگاروں سے سنجیدہ ادبی بحث کی توقع کم رہتی ہے۔ اکثر لوگ جذباتی ہیں اور بیشتر تو عمدہ قاری بھی نہیں ہیں تو آپ کیا خاک بات کریں گے۔

فاروقی نے دیباچے میں اپنے منشا اور ان کہانیوں کے تعلق سے سیر حاصل باتیں لکھی ہیں جن سے کئی ابہام کھل جاتے ہیں۔

"اچانک مجھے خیال آیا کہ غالب کے بارے میں افسانے اور حقیقت پر مبنی ایک بیانیہ کیوں نہ لکھوں جس میں غالب سے متعلق ادب کے معاملات ، کچھ اس زمانے کی ادبی تہذیب ، اور کچھ تاریخ ، سب حل ہو کر یکجا ہو جائیں۔ میں کئی برس سے اردو قدیم ادبی تاریخ اور تہذیب پر بیک وقت اردو اور انگریزی میں کتاب لکھ رہا تھا۔ مجھے اس بات کا

شدت سے احساس تھا کہ ہماری پرانی ادبی تہذیب ہمارے حافظے اور علم سے تقریباً غائب ہو چکی ہے۔ اگر یہ وقت کی سطح کے نیچے اتر کر ڈوب گئی تو ہمارا نقصان عظیم ہو گا، اور اس کی بازیافت تو خیر ممکن ہی نہ ہو گی۔ جن تہذیبوں کا ماضی نہیں، ان کا مستقبل بھی نہیں۔ اردو ادب و تہذیب کو فراموش کر دینے، اسے پایۂ اعتبار سے ساقط تصور کرنے یا ساقط قرار دلوانے کی جو کوششیں ملک میں جگہ جگہ ہو رہی ہیں (اور ان کوششوں میں ہمارے بھی بعض سر بر آوردہ حلقے شریک ہیں)، ان کو دیکھتے ہوئے یہ اور بھی ضروری ہے کہ ہم اپنے تاریخی حافظے کو زندہ رکھیں اور اپنی ادبی تہذیب جاندار قائم رہنے والی، اور آج بھی بامعنی حقیقت کے طور پر پیش کریں۔"

(دیباچہ: صفحہ نمبر ۲۰)

"ان صحبتوں میں آخر"، "زمین آفتاب" اور "سوار" کی تخلیق کا سبب فاروقی یوں بتاتے ہیں:

"اٹھارویں صدی کو ہند اسلامی تہذیبی تاریخ کا ذرّیں باب سمجھتا ہوں۔ اردو، فارسی ادب، تصوف، علوم عقلیہ و نقلیہ، فنون حرب و ضرب، موسیقی، ان میدانوں میں اٹھارویں صدی والوں نے جو نئے نئے مضمار و بیدا دریافت کئے، ان کی مثال پہلے نہیں ملتی، بعد میں ملنے کا تو خیر کوئی سوال ہی نہیں۔ اور اٹھارویں صدی کی دہلی کا کوئی کیا حال لکھے۔ ہم لوگ چند شہر آشوبوں، چند ہجوؤں، تعصب اور کینہ پر مبنی چند افسانوں کو تاریخ قرار دے کر اٹھارویں صدی کی زوال، انتشار، بدامنی، طوائف الملوکی، امیروں کی مفلسی اور غریبوں کی فاقہ کشی کا شہر سمجھتے ہیں۔"

(دیباچہ: صفحہ نمبر ۲۴)

مزید:

"میں اس دلی کا دلدادہ تھا، کیوں کہ اردو کی ادبی تہذیب صحیح معنی میں اپنا رنگ اور طور طریق محمد شاہ اور احمد شاہ اور پھر شاہ عالم ثانی کے زمانے میں حاصل کرتی ہے۔ سیاسی قوت اس شہر کی بھلے ہی گھٹ گئی ہو، لیکن اس کی تہذیب زوال آمادہ اور انحطاط آلودنہ تھی، اور دس بار لٹنے کے بعد بھی اس شہر کی گلیوں میں بھیرو نہیں، بلکہ اس زمانے کی حسین ترین رقاصائیں ناچتی پھرتی تھیں۔ دلی کا چھوٹا سا پیکر آصف الدولہ کے وقت سے لے کر واجد علی شاہ کے عہد کا لکھنؤ تھا۔ لیکن افسوس کہ لکھنؤ کی تصویر ہمارے ذہنوں میں پریم چند کے افسانے اور ستیہ جیت رائے کی فلم نے بنائی ہے، ٹھوس تاریخ نے نہیں۔

دلی کا حق تھوڑا بہت ادا کرنے کے لیے میں نے پہلے میر کے بارے میں افسانہ نہیں لکھا۔ بلکہ 'سوار' لکھا۔ میرے اپنے حساب سے اس افسانے کا مرکزی کردار خود شہر دہلی ہے کہ جس کے بغیر نہ وہ پر اسرار سوار ہوتا، نہ بدھ سنگھ قلندر، نہ عصمت جہاں، اور نہ افسانے کا راوی مولوی خیر الدین۔ ان سب کی شخصیتیں دلی کی شخصیت کا ذرا ذرا سا ٹکڑا ہیں۔ پھر 'سوار' کے بعد مجھے 'ان صحبتوں میں آخر' لکھنا ہی تھا۔ اور وہاں بھی، جیسا کہ بہت سے پڑھنے والوں نے محسوس کیا، صرف میر نہیں ہیں۔ اس کے بعد 'آفتاب زمین' آتا ہے، جس میں دہلی کی جھلک بھی ہے، اور دہلی کی اولاد معنوی، یا اس کے جانشین کے طور پر لکھنؤ دھیرے دھیرے خود کو قائم کر رہا ہے۔ لیکن اس کے لیے شجاع الدولہ اور سعادت علی خان کا خون گرم برق خرمن بن گیا۔"

(دیباچہ: صفحہ نمبر ۲۷ اور ۲۸)

فاروقی صاحب نے اپنا موقوف بیان کر دیا اور اب اس پر گفتگو ممکن ہے، گو فاروقی صاحب نے اپنے ناقدین کا کام آسان کر دیا ہے شاید اسی سبب مجھے اس روز شدید حیرت ہوئی تھی جب اقبال مجید نے ممبئی میں "فکشن کی جمالیات" پر منعقد سمینار میں کہا تھا کہ "

یہ دیکھو ان کی افسانے لکھنے کی نیت کیا ہے ___ "اور تمام افسانہ نگاروں نے تالیاں بجائی تھیں۔ پھر انھوں نے "نمک" کا ذکر کیا تھا جس میں جبر کے خلاف "سرد احتجاج" تھا۔ فاروقی کے یہاں احتجاج نہیں ہے؟ یا سماجی حقیقت نگاری نہیں؟ یا جبر اور انسانی استحصال کو انھوں نے بیان نہیں کیا ہے؟ کہنا کیا چاہتے تھے اقبال مجید صاحب یہ شاید کسی کو نہیں پتہ ___ شاید اقبال مجید صاحب کو بھی نہیں پتہ ورنہ فاروقی کی کہانیوں کے مندرجہ ذیل اقتباسات ان کی نظروں سے گزرے تھے نا ___ ؟؟

"لیکن وہ ۱۸۵۶ء کا سال مجھ پر کچھ عجیب بھاری گذرا۔ اودھ کی سلطنت کے انتزاع کا ہم لوگوں پر براہ راست اثر یہ پڑا کہ کلکتے کے بڑے لاٹ کے خلاف دلوں میں غم و غصہ کی لہر دوڑنے لگی۔ ایک عجیب بات یہ ہوئی کہ اشیا کی قیمتیں آپ سے آپ بڑھنے لگی تھیں۔ ضروری اشیا بھی عام لوگوں کی دسترس سے باہر ہوتی جارہی تھیں۔ ایسا لگتا تھا اودھ کی پیداوار اب مشرقی اضلاع میں آنا بند ہوگئی ہے۔ موٹے اور باریک اناج سب ایک بھاؤ ہو کر روپے کے آٹھ نو سیر بکنے لگے۔ لوگوں میں خبر اڑی کہ کمپنی نے اودھ اور اطراف کا سارا مال ولایت بھیج دیا۔"

(غالب افسانہ: صفحہ نمبر ۳۷)

"بادشاہ جان عالم کے کلکتہ پہنچنے کے چند ہفتے بعد لوگوں میں خفیہ باتیں مشہور ہونے لگیں کہ نہ صرف اودھ، بلکہ دلی کی بھی بادشاہت واپس آنے ولی ہے۔ کبھی کبھی کوئی شخص سرگوشی میں "چپاتی" نام کی کسی چیز کا ذکر کرتا جو دراصل خفیہ پیغام رسانی کا ایک طریقہ تھی۔ کبھی کوئی کہتا کہ منڈیاؤں کی چھاؤنی میں جو فوج کمپنی بہادر نے شاہ اودھ کو دبائے رکھنے کے لیے متعین کر رکھی تھی، اب وہ باغی ہونے والی ہے، یا ہوگئی ہے۔ آرکاٹ کے ڈنکا شاہ کا ذکر ۱۸۵۶ء کے اواخر میں زبانوں پر پھیلنے لگا کہ وہ جہاں جاتے ہیں،

ان کے آگے آگے ڈنکا بجتا چلتا ہے کہ مسلمانوں کے سردار آرہے ہیں۔ اپنے مواعظ میں وہ (ان کا اصل نام بعد میں معلوم ہوا کہ مولوی احمد اللہ ہے) کھلے بندوں ہندو مسلمان دونوں کو انگریزوں کے خلاف جہاد و جنگ کی ترغیب دیتے۔ ان کا کہنا تھا کہ انگریزوں کی حکومت بے دینی اور باطل پر مبنی ہے۔ یہ لوگ ہندو مسلمان دونوں سے ان کا مذہب چھڑا کرانھیں خدا سے دور کردیں گے۔"

(غالب افسانہ: صفحہ نمبر ۳۷)

" ۱۸۵۷ء کو شروع ہوئے ایک دو مہینے گذرے تھے کہ چپکے چپکے یہ خبر پھیلی کہ ڈنکا شاہ کو انگریزوں نے فیض آباد میں گرفتار کرلیا ہے۔ ہمارے لوگوں میں عجب بے چینی اور کشمکش سی پھیل گئی۔ میں نے ایک دن اپنے والد کو میری ماں سے کہتے سنا کہ بنی مادھو کو اس کے ماموں کے پاس شاہجہاں پور بھیج دو۔ یہاں حالات اب دگرگوں ہونے والے ہیں۔

پھر ایک رات یہ خبر جنگل کی آگ کی سی تیزی سے پھیلی کہ میرٹھ میں انگریزوں کے ساتھ کچھ بہت خراب سلوک دیسی سپاہیوں کے ہاتھوں ہوا اور فرنگی سب میرٹھ، بلند شہر وغیرہ چھوڑ کر پنجاب کی طرف بھاگ رہے ہیں۔ واقعہ کیا ہوا، اس کی تفصیل نہ معلوم ہوئی، بجز اس کے کہ سپاہیوں کو ایسے کارتوس منہ سے کاٹنے کو ملے تھے جن میں سور یا گؤ کی چربی تھی۔ منگل پانڈے نامی سپاہی نے کارتوسوں کو کاٹنے سے انکار کیا اور اپنے انگریز افسر کو گولی ماردی۔ کہا جارہا تھا کہ انگریزوں نے یہ خبر دبا رکھی تھی لیکن اب یہ ہر طرف پھیل گئی ہے۔ دیسی سپاہی جگہ جگہ خروج کررہے ہیں اور اعلیٰ حضرت ظل سبحانی ابو ظفر سراج الدین بہادر شاہ ثانی کو شاہ ہند کا لقب دے کر دوبارہ تخت نشین کردیا گیا ہے۔ دوسرے دن اور نزدیک کی یہ خبر آئی کہ دیسی سپاہیوں اور ڈنکا شاہ کے ساتھیوں نے فیض

آباد کا جیل خانہ توڑ کر ڈنکا شاہ کو رہا کر الیا ہے اور اب وہ ایک جم غفیر کے ساتھ عازم لکھنؤ ہیں۔"

(غالب افسانہ: صفحہ نمبر ۸۳)

"چند مہینے اور نکل گئے، میں اس میش گم کردہ راہ کی طرح زندگی گزار رہا تھا جو قوت لایموت کے لیے ادھر ادھر بھٹکتی پھرتی ہے، اور امید کرتی ہے کہ گرگ، درندہ کے آلینے سے پہلے اسے گھر کا راستہ بھی مل جائے گا۔ ۱۱۷۹ھ کا سال تھا، اور ماہ صفر اپنے اختتام کو پہنچ رہا تھا] مطابق اگست ۱۷۶۵ء، مرتب[کہ خبر آئی ہمارے بادشاہ جمجاہ نے اپنے اسم سامی ابو المظفر جلال الدین کی مناسبت سے صفر المظفر کی ۲۴ کو بنگال اور بہار کی دیوانی کمپنی بہادر کے حوالے کر دی۔ بکسر کی جنگ میں شکست کا اہل دہلی کو اتنا غم نہ ہوا تھا جتنا اس سانحے پر ہوا۔ جنگوں میں شکست و فتح تو ہوتی ہی رہتی ہے۔ آخر ابدالی نے مراٹھا کو چند ہی برس پہلے یہیں دہلی کے پاس پانی پت کے میدان پر شکست فاش دی تھی]جنوری ۱۷۶۱ء، مرتب[ابھی اس واقعے کو ایک دہائی بھی نہ گزرنے پائی ہے کہ مراٹھا گردی دوبارہ اپنے شباب پر نظر آتی ہے۔ لیکن اختیارات ملکی و مالی ایک بار ہاتھ سے نکل گئے تو نکل گئے۔ مجھے ایسا لگتا تھا کہ بادشاہ جمجاہ، ظل الہیٰ الہٰ آباد ہی میں فرنگیوں کے زیر سایہ عمر کاٹ دیں گے، لال قلعے کو دوبارہ دلھن بننا اب نصیب نہ ہو گا۔"

(سوار: صفحہ نمبر ۸۳)

سماجی و سیاسی جدلیاتی صورت حال کا بیان جسے ان دنوں احتجاج کہا جاتا ہے یعنی سیاسی حالات کا بیان اور عام آدمی کی حمایت یا استبداد کے خلاف تحریر، تو یہ باتیں فاروقی کے افسانوں میں انتہائی خوبصورتی کے ساتھ بیان کی گئی ہیں۔ یہ افسانے جس عہد کا رزمیہ المیہ خلق کرتے ہیں اس کی شکستہ حالی اور سماجی صورت حال کو یہ اسی عہد کی بیانیہ تراکیب اور

محسوساتی نہج میں پیش کرتے ہیں۔ فاروقی نے سماج کے گوناگوں چہرے اور روپ پیش کئے ہیں۔ مثلاً:

"سارا شہر، ہلکے پستئی زرد رنگ میں ڈوبا ہوا تھا۔ کیا ہندو کیا مسلمان، بسنت کا ذوق سب کو تھا۔ سلطان جی کی بارگاہ پر بسنتی کپڑے پہنے عورتوں مردوں کے جھنڈ شام و سحر نظر آتے تھے۔ پہلے مسلمانوں کو اس موسم اور اس میلوں سے رغبت نہ تھی۔ لیکن حضرت سلطان جی اور امیر خسرو کا تعلق بسنت کے تیوہار سے قائم ہوا تو چیت کے مہینے کا وسط ہوتے ہوتے دلی کے سارے مسلمان بسنتی رنگ میں رنگ جاتے تھے۔ چاند رات ہی سے بسنت چڑھانے کی تقاریب کا سلسلہ شروع ہو جاتا۔ سب سے پہلے اللہ میاں کی بسنت بھوجلہ پہاڑی پر جامع مسجد کے نیچے، چاند رات کو چڑھتی۔ پھر دن نکلنے پر قدم شریف پر بسنت چڑھاتے۔"

(سوار: صفحہ نمبر ۱۰۰)

سماجی حقیقت نگاری، تاریخی شعور اور جدلیت؛ ثقافت کے ارتقائی عمل میں تحلیل ہو گئے ہیں اور اسی سبب فاروقی کے افسانوں میں زندگی کا کوئی ایک گوشہ اجاگر نہیں ہے بلکہ زندگی اپنے پورے جمال اور چہرے کے ساتھ نمودار ہے۔ سماج نہ صرف انتشار کا شکار ہوتا ہے، نہ صرف جبر کا، نہ ہمیشہ پر امن رہتا ہے، نہ ہر آدمی غریب نہ ہر آدمی امیر، نہ سب جنگ کرتے ہیں اور سب بزدل ہوتے ہیں۔ نہ ہر آدمی مذہبی ہوتا ہے اور نہ ہر بے دین ___ ایک مجموعی شکل سماج کی ہوتی ہے اور فاروقی اس مجموعی سماجی ثقافت کے باقیات کو دریافت کرنے میں کامیاب ہوئے ہیں۔

سیلاب اور قدرتی آفات کے کرب اور الم ناکی کا بیان دیکھئے۔

"ساحل پر چڑھائی کے ساتھ ساتھ سمندر کے ہزاروں مردہ، نیم مردہ جانور،

مرغابیاں، کچھوے، گھونگھے، سانپ، خونخوار شارک اور بام، سمندر کی گہرائیوں میں دیر سے گلتی سڑتی لاشیں، ہڈیوں کے ڈھانچے، پرانے غرقاب جہازوں کے تختے، پانی ہی کی رفتار کے ساتھ ساحل، اور عمارتوں، اور عمارتوں میں پھنسے ہوئے لوگوں کے درمیان آکر سروں کو قلم کرتے، ران اور کمر کی ہڈیوں کو توڑتے، چہروں کو مسخ کرتے، انسانوں اور جانوروں کے حلق اور پیٹ کے اندر دور تک سرایت کرتے ہوئے، زمین کی اونچ نیچ میں پھنس کر رہ گئے تھے۔

اس شکست و تاخت نے جگہ جگہ ملبے کے اونچے نیچے ڈھیر بنا کر انسانوں کی آمد و رفت اور بھی مشکل کر دی تھی۔ تھکے ماندے، خوف اور بھوک سے ادھ مرے لوگ بہزار خرابی اس اونچی نیچی اوبڑ کھابڑ زمین اور ملبے کے تلے دبی اشیا کو یوں کریدتے اور اپنے زندوں یا مردوں کو یوں تلاش کرتے تھے جس طرح چیونٹیاں دھیرے دھیرے محنت کر کے ایک لمبی مدت میں زمین میں ننھے منے سوراخ بناتی ہیں۔ اور یوں بھی، اس ملک گیر تباہی کے پس منظر میں انسان کی ہستی چیونٹی سے بڑھ کر حقیر محسوس ہوتی تھی۔"

(ان صحبتوں میں آخر۔۔۔۔۔۔ صفحہ نمبر ۱۱۸)

موت ہلاکت اور لاشوں کا حزنیہ گویا خلا میں معلق ہو کر رہ گیا ہے:

"سارے ملک میں بھی اتنے کوے اور چیلیں اور گدھ نہ تھے جو ایک دو ہفتے کی مدت میں مل جل کر زمین کی صفائی کر سکتے۔"

(ان صحبتوں میں آخر۔۔۔۔ صفحہ نمبر ۱۱۹)

زمانے کی ستم ظریفی بچوں، بوڑھوں اور وارث و لاوارث کے ساتھ کیا ستم ڈھاتی ہے دیکھئے:

"وہ زمانہ ایسا نہ تھا جب ننھے لاوارث بچوں، اور خاص کر لاوارث نادار بچیوں کے

ساتھ مروت یا رعایت کا سلوک کیا جاتا۔ خریدے ہوئے انسانی بچے اور خریدے ہوئے جانور میں صرف یہ فرق تھا کہ جانور کو کبھی کبھی پاؤں میں رسی ڈال کر چراگاہ یا او سرزمین میں کھلا چھوڑ دیتے تھے کہ جس طرح چاہے اپنا پیٹ بھر لے۔ لیکن انسانی بچوں کو گھر کی دیوار کے باہر جھانکنے کی بھی اجازت نہ ہوتی تھی۔"

(ان صحبتوں میں آخر۔۔۔۔۔ صفحہ نمبر ۱۲۰)

مندرجہ بالا اقتباس میں وہ سفاکی اور سماجی صورت حال بھی ہے جس کو ترقی پسند بیان کرنے پر زور دیتے تھے۔ جو، انسانی جان کی ارزانی اور اسفالی حالت کو بیان کرتا ہے۔

"قمر الدین خان نے تب سے اپنی شہادت]۱۷۴۸ء مرتب[کے وقت تک منصب وزارت کو بڑی خوبی اور نیک نامی کے ساتھ نباہا۔ ان کے زمانے میں منصور علی خان صفدر جنگ عرف مرزا مقیم، اور عماد الملک غازی الدین خان سوئم]جو نظام الملک آصف جاہ کا، اور اس لیے قمر الدین خان کا بھی نبیرہ تھا، مرتب[جیسے اولو العزم، لائق، لیکن بے ضمیر اور سنگ دل امرا کو سر اٹھانے کا موقع نہ مل سکا تھا۔ قمر الدین خان کے بعد صفدر جنگ نے احمد شاہ جیسے باصلاحیت اور ہمہ صفت موصوف بادشاہ کو، جو محمد شاہ کے بعد تخت نشین ہوا تھا، بالکل بے اثر کر کے رکھا اور بالآخر اسے اندھا کرا کے تخت سے اتار دیا۔]۱۷۵۴ء، مرتب[عماد الملک غازی الدین خان نے ایک قدم اور آگے جا کر احمد شاہ کے جانشین عالم گیر ثانی کو مروا ہی دیا۔]۱۷۵۹ء، مرتب[سلطنت مغلیہ کے زوال اور ذلت و ناکامی کی موت کے اصل ذمہ دار جو سچ پوچھئے تو یہی دونوں صاحبان ہیں۔"

(ان صحبتوں میں آخر۔۔۔۔۔ صفحہ نمبر ۱۵۶)

تاریخ کا شعور، عمیق مطالعہ اور تجزیہ کہانی کی ضرورت بن گیا ہے جس کے اثرات عملی اور سیاسی و سماجی زندگی سے مربوط ہیں۔ فاروقی نے زندگی، سیاست اور ثقافت کے

درمیان رشتے کو پیش کرنے کا بہترین نمونہ ہمارے سامنے کھڑا کیا ہے۔ ایک اور مثال دیکھئے:

"کچھ کا کہنا تھا کہ ادھم بائی نے عمدۃ الملک کو اس لیے مروادیا کہ نواب موصوف کو ادھم بائی کے بطن سے پید احمد شاہ پادشاہ کے بیٹے شاہزادہ مجاہد الدین ابو نصر احمد (جو احمد شاہ کے نام سے بادشاہ بنا) کی ولی عہدی سے اتفاق نہ تھا۔ کچھ، بلکہ اکثر لوگ اس خیال کے تھے دربار خسروی میں عمدۃ الملک کی مقبولیت بعض امرا کو ایک آنکھ نہ بھاتی تھی۔ اور عمادالملک غازی الدین خان]جس نے ۱۷۵۹ء میں بادشاہ عالم گیر ثانی کو قتل کرایا، مرتب[یا صفدر جنگ] جس نے ۱۷۵۴ء میں خود احمد شاہ کو تخت سے اتار کر اندھا کرایا، مرتب[کے اغوا سے بعض پیشہ ور ڈاکوؤں کو اس کام پر لگایا تھا۔"

(ان صحبتوں میں آخر۔۔۔۔ صفحہ نمبر ۲۱۱)

یہ وہ واقعات ہیں جن کا ادبی اظہار سماج کی تفہیم کے دروازے کھولتا ہے۔ دوسری طرف افلاس، غربت، بے راہ روی کا نقشہ امیری کے رنگوں کے درمیان دیکھئے کس ہنر مندی سے پیش کیا گیا ہے:

"ہم تھوڑی ہی دور گئے ہوں گے کہ برات کا شور سنائی پڑا۔ معلوم ہوا نواب مستطاب گورنر جنرل بہادر کے دربار میں وکیل شاہی نواب محمد خلیل الدین خان کے بھتیجے کی برات ہے۔ ہاتھیوں اور اونٹوں کی وہ کثرت تھی کہ الاماں۔ ہم تو ایک گھنے درخت کے نیچے دبک کر محفوظ رہے لیکن آرائش لوٹنے والوں کی وہ گت دیکھی کہ خدا یاد آگیا۔ نو عمر لڑکیاں میلے چیکٹ دوپٹے اوڑھے، پاجامے لیر لیر، اکثروں کے بدن کرتے یا شلوکے سے بے نیاز، بالوں کی جگہ بئے کی بھوری جھونجھ سی بنائے۔ ادھر سے لونڈے لفنگے، بھیک منگے جن کا حال ان لڑکیوں سے بھی بدتر۔ چہروں سے وحشت ٹپکتی ہوئی، بالوں کا رنگ

شدت غبار آلودگی سے سیاہ کے بجائے گندہ ماشی۔ بعضوں کے بر میں صرف ایک سیاہی مائل گزی کی لنگوٹ، ایک آدھ اس سے بھی بے نیاز۔ سب کے بدن سے پسینے اور میل اور چیکٹ تیل کا تعفن پھوٹتا ہوا۔ انھیں ہاتھیوں کے پاؤں تلے آنے کا خوف تھا نہ اونٹوں کے چوڑے کھائی جیسے جبڑے کے درمیان سر دینے کا۔ دو چار تو ہمارے سامنے زخمی ہوئے۔ ایک کا کاسۂ سر گھوڑے کی ٹاپ سے چور چور ہوا۔ اور پھر جب روپیہ اشرفی پھلواری لوٹنے والے کامیاب ہو کر برات کے محاذ سے باہر نکلے تو شرابی لچوں نے اکثر کمزور عورتوں اور ضعیفوں کو چاقو دکھا، یا محض ڈپٹ کر ان کی ساری لوٹ خود ہتھیالی۔ کسی نے مقاومت کی تو اسے دو ٹھوکریں اوپر سے رسید کیں۔ یقین ہے کہ گھر پہنچتے پہنچتے، اگر ان کا گھر کوئی تھا، تین چار بوڑھے عورت مرد تو یقیناً جاں بحق تسلیم ہو چکے ہوں۔"

(آفتاب زمیں: صفحہ نمبر ۲۴۱)

آسماں کی بے انصافی کے اسباب دیکھئے کس دلیری سے مندرجہ ذیل اقتباسات میں ملتے ہیں۔ خدا کی خدائی اور انصاف پر سوالات قائم ہوتے ہیں۔ یہ سوالات تاریخ کے تجزیے اور زندگی کے باطنی کرب سے پیدا ہوئے ہیں:

"بھورا بیگم، اللہ کے یہاں انصاف ہوتا تو نہ یہاں فرنگی ہوتے اور نہ ٹیپو سلطان کی شہادت ہوتی۔ اور نہ مجھ سا یگانۂ روزگار نان شعیر اور ٹھنڈے آبخورے کی دھن میں دن رات ایک کرتا:

مصحفی میں تو تہی دست رہا کیا حاصل
گو موئے پر مرا دیوان مطلا ہووے

سنتی ہو، دنیا میں اتنی برائی، اتنی ناانصافی، اتنا ظلم ہے۔ ایمان داری اور حق پرستی کبھی کبھی ہی ظہور میں آتی ہیں۔ مجھے تو یقین ہے کہ اللہ میاں نے اپنے سب کام شیطان

کے سپرد کر دئے ہیں۔" پھر انھوں نے شعر پڑھا، اور شعر کیا پڑھا میری تو جان ہی لے لی:

فتنے لاکھوں یہ اسی نے تو اٹھائے جس کے
کن کے کہنے میں ہوا عالم امکاں تیار

(آفتاب زمیں: صفحہ نمبر ۲۷۱)

جنگ و جدل، تکالیف، سازشوں اور سنگینی کا بیان داستانوی اور کلاسیکی اسلوب اختیار کر لیتا ہے تو واقعات کی زہریلی فضا میں ایک خوش رنگ موسیقی اپنا ہالہ بناتی ہے جس سے قاری لطف اندوز بھی ہوتا ہے:

" ذوالفقار الدولہ اور مراٹھوں کے دست تطاول نے مژہ برہم زدن میں اس سارے چمن کو تاراج کر دیا، روہیلوں نے پچاس برس جس کی آرائش اور تقطیع کی تھی۔ وہ مجلس بہشت آئین زمہریر سے سرد تر اور مرگھٹ سے ویران تر ہو گئی۔ میں وہاں سے اٹھا اور افتاں و خیزاں لکھنؤ پہنچا۔"

(آفتاب زمیں: صفحہ نمبر ۲۷۹)

آج کے انسانی جنون کی تاریخ خاصی پرانی ہے اور اس کا مطالعہ ماضی کی روشنی میں زیادہ معنی خیز ہو گا:

"حملہ آوروں نے پورے انصرام و انتظام سے منصوبہ بندی کی تھی۔ مضبوط قوی ہیکل ادھیڑ عمر کے جنگجویوں نے پورے گاؤں کو گھیرے میں لے لیا تھا، کسی کو راہ فرار نہ تھی۔ ادھر گاؤں کے اندر گھس آنے والے جم غفیر نے بیک وقت بیسیوں گھروں کو آگ دے دی۔"

(آفتاب زمیں: صفحہ نمبر ۳۱۳)

انتقامی کاروائی کو پیش کیا ہے جو ابدی کنبہ پروری، حسب نسب پروری، انسانی تقسیم

اور قبائلی نظام کی اذیت ناک رسوم و روایات کو پیش کرتی ہے۔ آج مذہبی جنون جو منظر ہمارے سامنے پیش کرتا ہے، دیکھئے "نسلی و خاندانی جنون" اس سے زیادہ دردناک منظر عہد مغلیہ سے ذرا پہلے کس طرح پیش کرتا تھا۔

"مشعلوں اور جلتے ہوئے چھپروں کی سرخ لپلپاتی روشنی میں محض سائے اور دھندلی خون آلودہ لاشیں نظر آتی تھیں اور ہوا میں کچے گوشت کے جلنے کی بھیانک چراندھ پھیلی ہوئی تھی۔ شیخ قوام الدین تو پہلے ہی ہلے میں قتل ہو چکے تھے، اب ان کی بیوی کو بھی تہہ تیغ کر کے حملہ آوروں نے بھسیلے میں آگ لگانے کی ٹھانی۔"

(آفتاب زمیں: صفحہ نمبر ۳۱۳)

فاروقی نے انتہائی عرق ریزی کے ساتھ سماجی جدلیت کو پیش کیا ہے، ان کی کہانیوں میں سماجی و سیاسی واقعات بھرے پڑے ہیں اس کے باوجود محض خام خیالی کی بناء پر یہ کہنا کہ وہ سماجی شعور نہیں رکھتے، طفلانہ حرکت ہے۔

"حملہ آوروں کو اہلیان اکبرپور کا قتل عام کرتے ایک پوری ساعت گزر چکی تھی۔ مظلوموں کے شور اور شعلوں کی لالی اور دھوئیں کے بھورے ملگجے بادلوں نے شیخ پور منجھاولی کے لوگوں میں بھی یہ بات پھیلا دی کہ یہ رات اکبرپور کے باشندوں پر آخری ہے۔ پھر کچھ تو لوٹ مار کی غرض سے، اور اکثر تماشا دیکھنے کے لیے، یہ لوگ گھروں سے نکلے اور گھوڑیوں، سانڈنیوں پر سوار دھاوا مارتے ہوئے سواد اکبرپور میں پہنچے۔ بعض تو اپنی بہوؤں اور بیویوں کو بھی موت کی تفریح سے بہرہ اندوز کرانے لائے تھے۔ انھیں میں شیخ پور کے ایک زمیندار شیخ ممو کی بیوی بھی تھی۔ اس نے بھسیلے میں آگ لگتے دیکھی تو پکارا کر کہا، "ارے ذرار کو لو گو ذرار کو۔ کہیں اس میں کوئی بے زبان ڈھور ڈنگر نہ ہو۔" یہ کہتی ہوئی وہ بھیگا ہوا دوپٹہ منہ میں لپیٹ کر بھس خانے میں گھس پڑی۔"

(آفتاب زمیں: صفحہ نمبر ۲۱۳)

مندرجہ بالا مثالوں نے یہ ثابت کیا ہے کہ فاروقی نے حال کی تفہیم کے لیے ماضی کی ادبی ثقافت اور تاریخ کو استعمال کیا ہے۔ کسی ایک پہلو پر توانائی ضائع نہیں کی ہے بلکہ زندگی کو کلیّت و جامعیت کے ساتھ از سرِ نو تشکیل و تعمیر کرنے کی کوشش کی ہے۔

لاہور کا ایک واقعہ کے علاوہ چاروں افسانوں میں بیانیہ حیران کن حد تک جاذب اور متاثر کن ہے۔ بلکہ بعض اوقات رشک کے جذبات سے دل میں پیدا ہوتے ہیں۔ فاروقی کے بیانیہ کو جو استحکام، قوت اور معنی آفرینی ملی ہے اس کی تصویر یوں سامنے آتی ہے۔

فاروقی کے افسانوی تخیّل نے ادبی ثقافت کے ٹھوس اور جامد حقائق کو تاریخی مآخذات کی چھان بین کے ساتھ فارسی و عربی الفاظ کی سحر کاری [جو اس عہد کے تذکروں کی عام زبان کے عناصر تھے] اور اس کے متصوفانہ رجحانات و سیاسی اتار چڑھاؤ کے سہارے بیان کیا ہے۔

اہم بات یہ ہے کہ اس ادبی ثقافتی تاریخ کے لسانی اسالیب اور عربی و فارسی آمیز اردو سے تو بے شمار لوگ واقف تھے اور ان پر علحیدہ کام بھی کئے گئے مگر تخلیقی شعور کے تجزیے اور ثقافتی تاریخ کو فکشن کے روپ میں اس جامعیت سے پہلے پیش نہیں کیا گیا تھا۔ اس لیے فاروقی صاحب کی اہمیت اس باب میں مسلّم ہو جاتی ہے۔ اور ان کے تخلیقی شعور کی آبیاری اور سرشاری کی جس قدر تعریف کی جائے کم ہے۔

فاروقی کے کردار بنی مادھو رسوا، غالب، لبیبہ خانم، زہرۂ مصری، بایزید شوقی، نور السّعادۃ، رائے کشن، میر تقی میر، بدھ سنگھ قلندر، بے نام سوار، عصمت جہاں، سوار کا راوی مولوی خیر الدین، حیات النسابی بی، عرف بھورا بیگم، مصحفی، درباری مل وفا، گویا کسی مدفون سے جاگ اٹھے ہیں اور ہزاروں برسوں کے زندگی کے عرفان کو بیان کرتے ہیں۔

سارے کرداروں میں ایک بات مشترک ہے کہ یہ سب زندگی کی گرفت میں لمحۂ انبساط کی جستجو یا عرفانِ کُل سے ماورا اسی میں مدغم ہونے کا المیہ بن جاتے ہیں۔ ادبی ثقافت زندگی کے نفیس پیرائے میں اور تعلیم و ترتیب کے سلیقہ شعار اسلوب میں انھیں پیش کرتی ہے۔ مگر زندگی سے ان کے تقاضے ابدی آفاقی اور عالمی ہیں ___ سب محبت کے متلاشی شکستہ رشتوں کے اندوہ میں قید، تکمیل فن یا ذات کے شکار ___ وقت کی لکیریں ان میں سے بعض کو ہجرت کرنے پر مجبور کرتی ہیں بعض کو تنہائی میں اشکبار ہونے پر، بعض صحرا میں گم ہو جاتے ہیں بعض محلوں کی رنگ مستی میں شخصیت کا اثاثہ فروخت کر بیٹھتے ہیں۔ سارے کردار زندگی کے تسلسل میں وقت، جغرافیہ، سیاست، تقدیر، علم، فلسفے اور موت کے اصول بیان کرتے ہیں۔

فاروقی نے ان کرداروں کے حوالے سے ہماری ثقافتی تاریخ کی تصویر بنائی ہے۔ جس میں ہند ایرانی عربی؛ لسان و مزاج کی آمیزش اور رواداری کے نقوش صاف ظاہر ہیں ___ یہ ثقافت بغیر کسی سیاسی پروپگنڈے کے پیش کی گئی ہے۔ اور ضروری اس لیے بھی تھی کہ ہمارا دور ہندوفسطائیت کے عروج کا دور ہے۔ جس کی زد میں نہ صرف مستقبل بلکہ قومی ماضی بھی ہے۔ قومی ثقافتی تاریخ بھی ہے۔ اس کا صحیح شعور، اس پر کامل اعتبار ضروری تھا اور ان کرداروں، ان کے تاریخی سیاق وسباق اور زندگی کے تصور نے ہمارے اندر یقیناً وہ اعتبار پیدا کیا ہے۔

میں یہ کہنے کی جسارت کرتا ہوں کہ ان میں سے بعض کردار اردو فکشن کی تاریخ میں ہمیشہ زندہ رہیں گے۔

فاروقی کے ان افسانوں میں تکنیک کی جلوہ گری جگہ جگہ نظر آتی ہے۔ کرداروں کا راوی سے واحد متکلم میں بدل جانا۔ واحد متکلم سے متکلم غیر حاضر میں اشعار کا استعمال،

خواب اور خواب سے حقیقت میں چلے آنا۔ حقیقت کو خواب تصور کرنا، وغیرہ۔ فنّی طور پر ان کہانیوں کا حسن بے پناہ ہے اور فکشن کی تھوڑی بہت سدھ بدھ رکھنے والا ان اوصاف کو جان لے گا اور ان پر جان دے گا۔ کئی مقامات پر تاریخ کو تکنیک کے طور پر بھی استعمال کیا گیا ہے۔ ہاں چند ایک مقام پر تاریخ بوجھ سی لگنے لگتی ہے۔ مگر اک مخدوش اور سرکاری امداد سے جس عمارت کو منہدم کرنے کی کوشش کی گئی ہو اس کی تشکیل نو میں ان بوجھل پتھروں کا سہارا بھی ضرورت بن جاتا ہے۔

ان کہانیوں میں مسلم ثقافت کے تعلیمی لوازم، متن کی تفہیم کے قدیم پیمانے، داستانوں کے کرداروں کا احیاء، معاشرتی حقائق، کلاسیکی اردو، اردو شعراء کے درمیان جاری چشمک، سلطنت مغلیہ کے زوال، دہلی اور لکھنؤ کی گلی کوچوں کی رونق، بازار ابدان کے تذکرے، سماجی تقسیم، طبقاتی تقسیم، عشق کے سوز و گداز، قدرتی آفات کے زندگی پر اثرات، مذہبی رواداری، ہجرت نصیبی، امراض سے معرکہ آرائی، تصوف کے سرچشمے، لطف بدن اور زیست و موت سے جنگ آزمائی کے بے شمار مناظر انتہائی دلکشی اور اثر آفرینی کے ساتھ قاری کے سامنے آتے ہیں۔

" سب افسانے سچے ہوتے ہیں ! سب افسانے سچے ہوتے ہیں !!" ایک لمحے کی خاموشی کے بعد میں چیخ کر بولا اور پھوٹ پھوٹ کر رونے لگا۔

(لاہور کا ایک واقعہ: صفحہ نمبر ۳۵۱)

The Fiction of Shamsur Rahman Faruqi

***

۷

الفاظ کا مزاج

غلام ربانی

گزشتہ دنوں غلام ربانی مرحوم (۱۸۸۸تا ۱۹۷۶ء) کی ایک کتاب "الفاظ کا مزاج" ہمارے ہاتھ لگی۔ یہ کتاب اپنے موضوع پر ایک دلچسپ اور علمی نوعیت کی حامل تصنیف ہے۔ اس کا ابتدائی حصہ یہاں پیش کیا گیا ہے۔ (ندیم صدیقی، ممبئی)

زبان اپنے وسیع معنی میں خیالات ظاہر کرنے کا ذریعہ ہے۔ جانوروں کی چیخیں بھی ایک حد تک زبان کہی جاسکتی ہیں بشرطیکہ ان کے دل کی حالت ظاہر کریں۔

الفاظ بامعنی آوازیں ہیں۔ چرند اور پرند بھی ایسی آوازیں نکالتے ہیں جن کے معنی ہوتے ہیں۔ وہ خوف ظاہر کرتے ہیں۔ خوشی اور خواہش بھی ظاہر کرسکتے ہیں مگر اپنے خیالات ظاہر نہیں کرسکتے۔ جانداروں میں ایک انسان ہی ہے جو کچھ محسوس کرتا اور سوچتا ہے، اس کو بیان بھی کرسکتا ہے۔ زبان وہ چیز ہے جس پر تمام انسانی تعلقات قائم ہیں۔ یہ الفاظ سے بنتی ہے اور الفاظ سانچے ہیں جن میں خیالات ڈھلتے ہیں۔ چنانچہ ہر لفظ جو کسی چیز کیلئے بنتا ہے اس میں کوئی نہ کوئی خیال لپٹا ہوتا ہے۔

الفاظ، اینٹ اور پتھر کی طرح بے جان نہیں ہوتے۔ یہ جانداروں کی طرح پیدا

ہوتے ہیں، بڑھتے اور مر جاتے ہیں۔ ان میں شریف بھی ہوتے ہیں اور رذیل بھی۔ سخت بھی ہوتے ہیں اور نرم بھی۔ کسی میں شہد کی سی مٹھاس ہوتی ہے اور کوئی کڑوا ہوتا ہے۔ کسی میں ترنم ہوتا ہے اور کوئی چٹان کا روڑا ہوتا ہے۔ ان میں سادگی بھی ہے اور پُرکاری بھی۔ انکسار بھی ہے اور شان و شکوہ بھی۔ یہ سفر بھی کرتے ہیں اور ایک ملک سے دوسرے ملک میں اس طرح پہنچ جاتے ہیں جیسے کوئی اپنی جاگیر میں پہنچ جائے۔ لیکن سفر کی تکان اور زمانے کی گرد سے ان کا رنگ روپ بدل جاتا ہے اور پردیسی الفاظ میں اس طرح گھل مل جاتے ہیں کہ ان کا پہچاننا مشکل ہو جاتا ہے اور بعض وقت تو ان کے مزاج میں بھی فرق آجاتا ہے مگر اتنا ضرور ہے کہ خواہ کسی حالت میں ہوں سننے والے کو اپنی بیتی سناتے ہیں۔ آج کل کا ماہر آثار قدیمہ کسی تہذیب کا پتہ لگانا چاہتا ہے تو وہ پرانی کتابوں ہی پر تکیہ نہیں کرتا۔ اس کیلئے وہ زمین کھودتا ہے اور پھر ان سے سکے، کتبے، ہتھیار، مٹّی کی مورتیں، منکے، اینٹیں، ہانڈیاں، ٹھیکرے، مُردوں کی کھوپڑیاں وغیرہ بہت سی چیزیں برآمد کرتا ہے اور ان چیزوں کے مطالعے سے نتیجے نکالتا اور تاریخ مرتب کرتا ہے۔ زمین کی طرح زبان بھی پرانے خزانوں سے مالا ل ہے۔ اگر زبان کو کریدا جائے تو اس میں بے شمار ایسے الفاظ نکلتے ہیں جو قدیم لوگوں کے خیالات، جذبات ان کے کارناموں اور ان کی معاشرت کو اُجاگر کر دیتے ہیں۔ تصویر کی طرح الفاظ کی بھی زبان ہوتی ہے وہ بولتے ہیں، سننے والے کو اپنی بیتی سناتے اور ہزاروں برس کے علمی اور اخلاقی واقعے سامنے رکھ دیتے ہیں۔

'شاہ' ہزاروں برس پرانا لفظ ہے۔ یہ اس وقت کی یاد دلاتا ہے جب ایران میں لوگ جنگلی جانوروں کو مار کر ان کے سینگ سروں پر لگاتے تھے اور یہ سینگ بہادری اور سرداری کا نشان سمجھے جاتے تھے، جب لوگ کسی کے سر پر سینگ یا، شاخ، دیکھتے تو اس کو سردار سمجھتے اور "شاخ" کہتے تھے۔ یہی "شاخ" کا لفظ رفتہ رفتہ "شاہ" بن گیا۔

'زندان' قدیم زمانے میں جب کوئی بادشاہ جنگ میں فتح پاتا تو شکست کھانے والی فوج کو تہس نہس کر دِیا جاتا تھا اور جو قیدی ہاتھ لگتے ان کو بھی قتل کر دیا جاتا تھا۔ کوشش یہ ہوتی تھی کہ دُشمن کا کوئی سپاہی زندہ نہ بچے۔ آخر ایک زمانہ آیا انسانی ہمدردی کو جنبش ہوئی۔ چنانچہ قیدیوں کی زندگی بخش دی جاتی تھی اور ان کو ہمیشہ کیلئے زندان میں ڈال دیا جاتا تھا۔ زندان زندگی سے ہے اور اس میں عمر قید کا مفہوم ہے۔

دائم الحبس اس میں ہیں لاکھوں تمنائیں اسد
جانتے ہیں سینۂ پر خوں کو زنداں خانہ ہم
(غالب)

" استاد" حضرت زرتشت کی مرقومات کا مجموعہ "اوستا" ہے۔ مذہبی کتابوں کے سمجھنے اور سمجھانے کیلئے خاصی قابلیت کی ضرورت ہوتی ہے پھر 'اوستا' نہایت ہی قدیم ایرانی زبان میں تھی جس کو سمجھنے والے کم تھے، چنانچہ جو حضرات اوستا کے ماہر ہوتے ان کو استاد کہا جانے لگا۔ اُستاد بڑی عزت اور وقار کا لفظ ہے۔ لیکن جوں جوں زمانہ گزرتا گیا اس کا رُتبہ کم ہوتا گیا۔ یہ لفظ پروفیسر کیلئے موزوں تھا۔ مگر بعد میں ہر فن کے ماہر کیلئے اُستاد کہنے لگے۔ یہاں تک کہ سارنگیے کا نام بھی اُستاد جی ہو گیا ہے اور اب یہ لفظ چالاک اور چلتے پرزے کے معنوں میں بھی استعمال ہوتا ہے۔

"سوئمبر" سنسکرت میں " سوئم " خود اور 'بر' شوہر ہے جس کا مطلب شوہر خود انتخاب کرنا۔ آج کل لڑکے والوں کی طرف سے لڑکی کو پسند کیا جاتا ہے اور بعض اوقات منگنی کے بعد بھی کسی وجہ سے بات توڑ دی جاتی ہے۔ سوئمبر کا لفظ اس زمانے کی یاد دِلاتا ہے جب لڑکی بھری سبھا میں خود شوہر انتخاب کرتی تھی اور ماں باپ یا کوئی اور کچھ نہیں کر سکتے تھے۔

اس قسم کے الفاظ کی بھی کمی نہیں جو اِبتدا میں بہت اچھے معنوں میں استعمال ہوتے تھے مگر پردیس جاکر اپنی عزت کھو بیٹھے۔ خلیفہ آنحضرت کے جانشین کا لقب تھا۔ پھر اولیاکرام کے جانشینوں کو بھی خلیفہ کہنے لگے۔ ہوتے ہوتے درس دینے والی ملانی جی کے بچوں کو بھی خلیفہ کہا جانے لگا۔ یہاں تک تو مضائقہ نہ تھا مگر اس کا کیا علاج کہ اب حجام کو بھی خلیفہ کہتے ہیں۔ ملا دوپیازہ کی طرح مولانا حالی نے بھی ایک النامہ لکھا تھا جس میں "المذہب" کو اعلان جنگ لکھا ہے۔ مذہب کے نام جو کشت وخون ہوتے ہیں وہ ابھی کم نہیں ہوئے۔ خون خرابہ کے علاوہ مذہب میں زبانی جنگیں بھی بہت ہوئی ہیں اور ان سے بہت سے الفاظ پیدا ہوئے ہیں، توحید، تنویث، تثلیث، جبریہ، قدریہ، ناستک، نیچریا دہریا، معتزلہ، مقلد، غیر مقلد، اہلِ حدیث وغیرہ میں مختلف عقیدے سے جھلکتے ہیں۔ مذہبی اختلافات نے اور بھی گل کھلائے ہیں۔

بدھو۔ بدھی سے ہے جس کے معنی عقل و دانش ہیں۔ اس لئے بدّھو کے معنی دانش مند ہوئے۔ گوتم کا لقب بھی بودھ تھا۔ ملک میں جب بدھ مت کو فتح ہوئی تو دوسرے مذہب کے لوگوں کو ان کا عروج ناگوار گزرا اور اُنہوں نے بدھ مذہب کے پیردوں کو طنز کے طور بدّھو کہنا شروع کیا۔ کہنے کو تو بدّھو کہتے تھے مگر دل میں ان کو بے وقوف سمجھتے تھے۔ آخر دل کی بات ہو کر رہی اور بدّھو جو کسی زمانے میں دانش مند تھا اب بے وقوف یا احمق بن کر رہ گیا۔

Mood of the words. Essay: Ghulam Rabbani

* * *

۸

مرثیہ کی ادبی حیثیت

فرحت انوار

دنیا کی بیشتر زبانوں کی ابتداء نظم سے ہوئی اور نظم کی قدیم ترین صنف مرثیہ ہے۔ مرثیے کا تعلق ابتدائے آفرینش سے ہے، مرثیے کی دنیا میں سب سے پہلے مرثیے کے وہ اشعار شمار کئے جاتے ہیں جو حضرت آدمؑ نے اپنے فرزند ہابیل کی ہلاکت پر کہے تھے۔ مرے ہوؤں پہ ماتم کرنا قدرتی امر ہے۔

مرثیہ ایک قدیم صنف ادب ہے، جس سے کوئی دور اور کوئی زبان خالی نہیں ہے، عرب میں مرثیہ گوئی کا عام رواج تھا اور ایامِ جاہلیت میں یہ فن کافی ترقی کر چکا تھا ،جب قدیم عرب کے اس ادب کا مطالعہ کیا جاتا ہے جسے دور جاہلیت کے ادب سے موسوم کرتے ہیں تو یہ بات واضح ہو جاتی کہ مرثیہ اس زمانے میں ناگزیر صنف ادب تھا۔ دور جاہلیت کے تمام شعراء نے اپنے کسی نہ کسی عزیز یا دوست کا مرثیہ کہا ہے۔ عرب میں یہ رسم تھی کہ جب مرنے والے کی میت پہ عورتیں نوحہ کر لیتیں تھیں تو خاندان کا کوئی فرد جس میں شاعرانہ وصف پایا جاتا مرنے والے کی خوبیاں پر درد انداز میں بیان کرتا۔

عربی شاعری میں سب سے پہلی تصنیف جو ادبی نوعیت رکھتی ہے حسان بن ثابت

کے وہ مراثی ہیں جو اس نے رسول ﷺ کی وفات پر کہے تھے، حسان بن ثابت عرب کا مشہور و معروف شاعر تھا اس نے سوز و گداز سے پر مرثیے لکھے ہیں۔ بی بی فاطمہ زہرہ نے بھی اس سانحہ عظیم پر ایک پر درد مرثیہ کہا ہے۔ عرب میں مرثیہ کو خاص اہمیت حاصل تھی، عوام و خواص سب کے لیے مرثیے کہنے کا رواج تھا لیکن افسوس محمد ﷺ کے نواسے پر آنسو بہانے کی کسی میں ہمت نہ ہوئی۔ اگر کسی نے ہمت کی بھی تو اسے قید و بند کی صعوبتوں سے دوچار ہونا پڑا۔ خاندانِ بنو امیہ کے جور و ستم نے تمام شعراء کی زبانوں پر قفل لگا دیئے تھے۔ علامہ شبلی نعمانی لکھتے ہیں:

"اس زمانے میں کربلا کا حیرت انگیز واقعہ پیش آیا یہ ایک ایسا واقعہ تھا کہ اگر عرب کے اصلی جذبات موجود ہوتے تو اس زور کے مرثیے لکھے جاتے کہ تمام دنیا میں آگ لگ جاتی۔ لیکن ادھر تو عرب کے پر زور جذبات پر انحطاط آچکا تھا۔ ادھر بنو امیہ کی ظالمانہ سطوت اور جباری نے تمام شعراء کی زبانیں بند کر دی تھیں۔ فرزدق بنی امیہ پائے تخت کا شاعر تھا لیکن جب اس نے ایک موقعہ پر فوری جوش سے حضرت امام زین العابدین کی مدح البدیہہ چند شعر کہے تو عبد الملک بن مروان نے اس کو جیل خانہ بھیج دیا۔ (محور: ص نمبر ۸:۱۹۶۸ء)

مرثیہ عربوں کی تنگ نظری کا شکار ہو کر ایران پہنچا، ایران کی خود مختاری کے بعد شاہ طہماسپ صفوی تخت نشین ہوا، شاہ طہماسپ خانوادۂ رسول ﷺ سے گہری عقیدت رکھتا تھا۔ اس نے حکم دیا کہ تمام شعراء کو آئمہ اہلبیت کی شان میں طبع آزمائی کرنی چاہئیے۔ مصائب کربلا کو سب سے پہلی بار محتشم کاشی نے بیان کیا، یہ پہلا شاعر تھا جسے واقعہ کربلا کو بیان کرنے کا شرف حاصل ہوا۔ ابتداء میں اس نے چند بندوں کا امر شیہ لکھا یہ مرثیہ صرف محاسن و فضائل پر ہی مبنی تھا۔ محتشم کاشی کے بعد مقبلؔ نے مرثیہ گوئی میں

طبع آزمائی کی اور مرثیہ کو بام عروج پہ پہنچایا۔ مقبلؔ کا کارنامہ یہ ہے کہ انھوں نے واقعات کربلا کو تسلسل سے بیان کیا ہے۔ مقبل نے کربلا کے تمام واقعات مدینے کی روانگی سے لے کر شہادت، شہادت سے لے کر اہل حرم کے قید ہونے اور رہائی کے بعد مدینے واپس آنے تک کو نظم کر دیا ہے۔

دیگر زبانوں کی طرح اردو ادب کی ابتداء بھی نظم سے ہوئی۔اب تک کی تحقیق مرثیے کو ہی قدیم ترین صنف مانتی ہے۔اردو میں مرثیہ فارسی شاعری کے توسط سے اردو میں داخل ہوا،اردو میں مرثیہ کی خشتِ اول آج سے تقریباً چار سو سال قبل دکن میں رکھی گئی۔اردو کے ابتدائی مرثیے ان شعراء نے نظم کئے جو دکن میں گولکنڈہ اور بیجاپور کی ریاستوں سے منسلک تھے۔بیجاپور اور گولکنڈہ کے شاہان اثنا عشری تھے اس لئے دکن میں مرثیے کی آبیاری کے لئے فضاء سازگار ہی نہیں تھی بلکہ اس نے وہاں عروج بھی حاصل کیا۔احمد شاہ بہمنی کے عہد سے ہی دکن میں عزاداری اور مرثیہ گوئی کا آغاز ہو چکا تھا۔بہمنی سلطنت کے بادشاہوں کے بلانے پر اور معاش روزگار کی تلاش میں بڑی تعداد میں علماء، فضلاء اور شعراء ایران سے دکن آئے۔جو لوگ ایران سے آئے وہ اپنے ساتھ تہذیبی روائتیں، رسم وراج اور اعتقادات و خیالات بھی لے کر آئے،ان کے آنے کے بعد دکن میں عزاداری کی شروعات ہوئی۔مرثیے کا سب سے پہلا ثبوت آذریؔ کے یہاں ملتا ہے۔گو آذریؔ کا کلام فارسی میں ہے لیکن دکن میں مرثیے کے نقوش اولاً آذریؔ کے یہاں نظر آتے ہیں۔

بہمنی سلطنت میں محمود گاواں اور میر فضل اللہ انجو ایران سے دکن آئے ،عزاداری ان کے عقائد کا خاص جز تھی، محمود گاواں دور اندیش، زمانہ شناس، امور سلطنت کی کارکردگی میں ماہر اور نظم و نسق میں پر مضبوط پکڑ رکھتا تھا، ان خصوصیات کے

باعث اس کا شمار بادشاہ کے خواص میں کیا جانے لگا۔ بادشاہ میر فضل اللہ انجو سے صلاح مشورہ کرتا اور اس کے مشوروں پہ عمل بھی کرتا، بادشاہ سے دیرینہ تعلقات کے باعث اس کے بہت سے دشمن پیدا ہو گئے تھے، اس کو فریب سے قتل کر دیا گیا اس کے بعد کوئی ایسا نہ تھا جو حکومت کو سنبھال سکے، چنانچہ چند سال میں ہی بہمنی سلطنت پانچ حصوں میں منقسم ہو گئی۔ ان پانچ ریاستوں میں تین ریاستیں بیجا پور، احمد نگر اور گولکنڈہ ایرانیوں کی تھیں۔ یوسف عادل شاہ جو محمود گاواں کے بعد ایرانی گروہ کا سب سے فعال امیر تھا اس نے سب سے پہلے بیجا پور میں خود مختاری کا اعلان کیا۔ یوسف عادل شاہ اہلبیتِ اطہار سے گہری انسیت رکھتا تھا، دکن میں پہلا اردو مرثیہ گو شاعر کون تھا؟ اس کے بارے میں اختلاف پایا جاتا ہے، نصیر الدین ہاشمی، اشرفؔ کو پہلا مرثیہ گو شاعر بتاتے ہیں، جبکہ رشید موسوی وجہی اور محمد قلی قطب شاہ کو اولین مرثیہ نگار مانتے ہیں۔ رشید موسوی لکھتے ہیں:

"دکن میں مرثیے کے اولین نمونے ہم کو وجہی اور محمد قلی قطب شاہ کے یہاں ملتے ہیں۔ وجہی اور محمد قلی دونوں معاصر تھے اور دونوں ہی مرثیے بھی لکھتے تھے۔ ان دونوں میں سے مرثیہ پہلے کس نے لکھا اس کے طے کرنے کے لئے ہمارے یہاں کوئی تاریخی بنیاد ایسی نہیں کہ جس کی بنا پر ہم کسی ایک کو اولیت کا شرف بخش سکیں"

محمد قلی کے مرثیے اگر اردو ادب کے اولین مرثیے ہیں تو اس کے سامنے نمونے کے طور پر آذریؔ اور روضتہ الشہداء کے فارسی مرثیے رہے ہوں گے۔ دکن میں اردو ابھی ابتدائی مراحل میں تھی، اس لئے اس دور میں مرثیہ گوئی میں محض رنج و ملال کا اظہار کیا جاتا تھا، مرزاؔ عادل شاہی حکومت کا سب سے بڑا اور مشہور مرثیہ گو شاعر تھا، جس نے ساری زندگی صرف مرثیہ گوئی کے لئے وقف کر دی، اس نے اہلبیت اطہار کے علاوہ کسی کی شان میں نہ ہی قصیدہ لکھا اور نہ ہی کسی اور کی تعریف کی۔ رزم نگاری اور تسلسل مرزا

کے مرثیوں کی خصوصیت ہے۔ مرزا نے جتنے بھی طویل مراثی لکھے ہیں ان کی شروعات تمہید سے کی ہے۔ مرزا نے اردو کے ابتدائی دور میں ہی مرثیے کا قد بہت بلند کر دیا تھا اور اپنی صلاحیتوں اور زور بیان سے اس میں نئے نئے پہلو اجاگر کئے۔ دکن کے مشہور و معروف مرثیہ گو شعراء میں محمد قلی قطب شاہ، عبد اللہ قطب شاہ، وجہی، غواصی، درگاہ قلی، ہاشم اور لطیف وغیرہ قابل ذکر ہیں۔ ان ابتدائی مرثیہ نگاروں کے سامنے آذریؔ اور ملا حسین واعظ کاشفیؔ کا فارسی نمونہ کلام رہا ہو گا۔ اردو کے ابتدائی مرثیے زیادہ تر غزل کی ہئیت میں لکھے گئے۔

دکن میں اورنگ زیب کے تسلط نے عادل شاہی اور قطب شاہی درباروں کا خاتمہ کر دیا، شاہی درباروں کے خاتمے نے شعراء کو منتشر کر دیا۔ دکن میں مرثیہ عوام و خواص میں یکساں مقبول تھا اور عوام کے عقائد کا خاص جز تھا۔ دکن کو فتح کرنے کے بعد جب دکن میں مقیم افواج شمالی ہند کو واپس پلٹیں تو بہت سے فوجی مرثیوں کو اپنے ساتھ لے کر آئے، کچھ فوجی مرثیہ پڑھتے ہوئے بھی آئے، دہلی میں مرثیے کا نقطہ آغاز یہیں سے ہوتا ہے۔ لیکن دکن میں مرثیہ نے ترقی کی جو منزلیں طے کر لیں تھیں اس سے دہلی والوں نے کسب فیض نہیں کیا، مگر اس کے باوجود دہلی کے کچھ شعراء مرثیہ گوئی کی جانب مائل ہوئے، جو شعراء مرثیہ گوئی کی جانب متوجہ ہوئے ان میں ندیم، مسکین، حزیں اور غمگین وغیرہ قابلِ ذکر ہیں۔ یہ شعراء صرف مرثیہ کہتے تھے، مسکین، حزیں اور غمگین تینوں حقیقی بھائی تھے، تینوں مرثیہ گوئی میں مہارت رکھتے تھے۔ ان شعراء کے علاوہ دہلی کے مرثیہ گو شعراء میں میرؔ اور سوداؔ خصوصی اہمیت کے حامل ہیں۔ ان کے مرثیوں کا مقصد حصول ثواب اور گریہ و زاری نہیں تھا بلکہ انھوں نے مرثیہ کو ادبی نقطۂ نگاہ سے دیکھا ہے۔ میرؔ اور سوداؔ کے مرثیوں میں سماجی زندگی کی جھلک اور واقعہ نگاری واضح طور پر نظر

آتی ہے۔ میرؔ اور سوداؔ نے اپنی عمر کا آخری دور لکھنو میں گزارااور آخری دور میں ہی انھوں نے مرثیے لکھے ہیں میرؔ نے کم و بیش ۷۲ مرثیے لکھے ہیں۔ میر کی نظر میں مرثیہ مشکل ترین فن ہے۔ سودا نے مرثیہ میں سماج کی جڑیں، سماجی زندگی کے متنوع پہلو تلاش کئے۔

دہلی کی بربادی اور انتشار نے شعراء کو در در بھٹکایا، نابغہ روزگار کی خاطر بہت سے شعراء کو وطن چھوڑنا پڑا۔ ادھر دہلی اور دہلی والوں کے لئے زندگی گزارنی مشکل تھی ادھر اودھ عیش و عشرت کا گہوارہ بنا ہوا تھا۔ اٹھارویں صدی میں اودھ میں ایرانی تہذیب و ثقافت کے اثرات بہت گہرے ہو گئے تھے۔ اٹھارویں صدی کے نصف آخر میں اودھ میں عزاداری کو فروغ حاصل ہوا۔ سماج کا ہر طبقہ حتیٰ کہ غیر مسلم بھی اس میں دلچسپی لینے لگے، دربار اور امراء جس خلوص اور عقیدت سے ایام عزا مناتے تھے اسی سے متاثر ہو کر لکھنو کے عوام بھی بلا تخصیص مذہب و ملت عزاداری کرنے لگے، یہ سوزخوانیاں بھی کرتے اور مرثیہ بھی پڑھتے اس مذہبی ماحول نے عزاداری کے ساتھ ساتھ مرثیہ گویوں کی جماعت بھی پیدا کر دی تھی۔ یوں تو نوابین اودھ سے پہلے ہی دہلی اور ملک کے دیگر حصوں میں واقعات کربلا لوگوں کے لئے تاریخ کا ایک تاثر انگیز باب بن گیا تھا۔ لہٰذا مرثیہ نگاری کی ابتداء اودھ شاعری میں بہت پہلے ہو چکی تھی۔ بقول مسیح الزماں اودھ میں مرثیہ کی ابتداء حیدریؔ (کریم الدین) نے کی۔ مسیح الزماں حیدریؔ کو لکھنؤ کا قدیم ترین مرثیہ گو قرار دیتے ہیں، وہ لکھتے ہیں کہ حیدری اور ان کے لکھنوی معاصرین نے مرثیہ گوئی کو ایسے راستے پر لگا دیا جو دہلی کے مرثیوں سے مختلف اور دکن کے مرثیوں کی ترقی یافتہ صورت تھی۔ حیدری کے علاوہ سکندر، گدا، احسان اور افسردہ نے بھی مرثیے کو نئے روپ اور نئے آہنگ سے روشناس کرایا، مرثیہ نگار شعراء نے سب سے زیادہ مراثی حضرت قاسم کے پر لکھے یا یوں کہہ سکتے ہیں کہ حضرت قاسم کے مرثیے لکھنے کا رواج اردو

میں عام تھا۔ افسردہ نے اس سے ہٹ کر حضرت عباسؑ، حضرت علی اکبرؓ اور حضرت علی اصغرؓ کے حال کے الگ الگ مرثیے لکھے۔ مرثیہ کی تاریخ میں میر ضمیر اور میر خلیق ستون کی حیثیت رکھتے ہیں، انھوں نے مرثیے میں مختلف النوع مضامین کا ہی اضافہ نہیں کیا بلکہ انھوں نے مرثیے کی شکل متعین کی اور اس کے بعد مرثیے مسدس میں لکھے جانے لگے۔ اس سے پہلے مرثیے کیے لئے کوئی شکل مخصوص نہیں تھی۔ خلیق کے بیشتر مرثیے مسدس کی شکل میں ہیں۔

مرثیہ ایک بیانیہ نظم ہے جس میں المیہ اور رزمیہ دونوں خصوصیات ملتی ہیں۔ مرثیہ کے میدان میں متعدد شعراء نے طبع آزمائی کی لیکن مرثیہ کو بام عروج پہ مرزا دبیر اور میر انیس نے پہنچایا۔ انھوں نے مرثیے کے مضامین میں تنوع اور زبان میں وسعت پیدا کی اور مرثیہ کا دائرہ اثر وسیع تر کر دیا۔ میر انیس اور مرزا دبیر تک آتے آتے مرثیہ کا نقشہ مکمل ہو چکا تھا اور اس کی بنیادیں بھری جا چکی تھیں۔ میر انیس نے مرثیہ لکھنو کی زوال پذیر تہذیب کی پر درد عکاسی کی ہے۔ ان کے کردار عرب سے تعلق رکھتے ہیں لیکن ان کا طرز زندگی ہندوستانی ہے۔ مرثیہ کا جو نقشہ تیار ہو چکا تھا میر انیس نے اسی تیار شدہ نقشہ پر فلک بوس عمارت تعمیر کی۔ زمانے کے رواج کے مطابق میر انیس نے شاعری کی ابتداء غزل گوئی سے کی لیکن جلد ہی والد کی خواہش کی تکمیل کی خاطر غزل سے تعلق توڑ کر مرثیہ سے ناطہ جوڑ لیا۔ کربلا کا المیہ انیس کی شاعری کا محور و مرکز ہے اور اس محدود میدان میں انھوں نے اپنی شاعرانہ عظمت کا لوہا منوایا ہے۔ انھوں نے ایک ہی واقعے کو ہزاروں انداز اور رنگ میں پیش کیا ہے۔ اور اپنی اس خوبی سے وہ خود بھی آگاہ ہیں:

گلدستہ معنی کو نئے ڈھنگ سے باندھوں
ایک پھول کا مضموں ہو تو سو رنگ سے باندھوں

لگا رہا ہوں مضامین نو کے پھر انبار

خبر کردو میرے خرمن کے خوشہ چینوں کو

کلام انیس ایک سمندر کی مانند ہے جس میں طوفان امنڈتا ہوا چلا آتا ہے، اگرچہ میر انیس مرثیے کے موجد نہیں ہیں مگر اس کے باوجود انھوں نے مرثیے بام عروج پہ پہنچایا ،ان کے مرثیوں کی سب سے اہم خوبی رزم نگاری ہے۔ اردو میں مرثیے کا سفر دکن سے ہوتا ہوا دہلی میں سودا اور لکھنو میں میر انیس کے دور تک پہنچا۔

Literary status of urdu marsiya. Essay: Farhat Anwaar

* * *

۹

اودھ اخبار کے آئینہ میں : عکس نول کشور

ڈاکٹر عشرت ناہید

اردو صحافت کی ترویج و ترقی میں جن مشاہیر ادب کا نام آتا ہے ان میں منشی نول کشور کا نام خاصی اہمیت کا حامل ہے۔ منشی نول کشور ایک ایسی شخصیت تھے جو تعصب سے پاک تھی وسیع المشربی، علم پروری اور ادب نوازی جن کا شیوہ تھی۔ اس کے ساتھ ہی عالی ہمتی جیسی نادر خصوصیت بھی انہیں اوروں سے منفرد کرتی ہے۔ ان کی انہی خوبیوں کا عکس ان کی صحافت میں بھی نمایاں نظر آتا ہے جن کا مختصر جائزہ میرے اس مقالے میں لیا گیا ہے۔

پنڈت نول کشور نے ویسے تو صحافت نگاری کی ابتدا کوہ نور اخبار سے وابستگی کے ساتھ کر دی تھی اس کے بعد سفیر میں بھی صحافتی خدمات انجام دی تھیں یعنی صحافت سے ان کا رشتہ کافی پرانا تھا لیکن صحیح معنوں میں ان کی صحافت اس وقت سامنے آتی ہے جب وہ ۱۸۵۸ میں کوٹھی مہاراجہ مان سنگھ بہادر لکھنؤ میں ایک مطبع خانہ قائم کرتے ہیں اور جہاں سے اودھ اخبار (اردو)، لکھنؤ ٹائمس (انگریزی) اور اودھ ریویو (اردو) میں جاری کرتے ہیں۔ لیکن ان اخباروں میں امتیازی حیثیت کا حامل اودھ اخبار ہی رہا جس کا اجرا ۲۶ نومبر ۱۸۵۸ میں اسی پریس سے عمل میں آیا۔ اودھ اخبار نے بتدریج ترقی کی منازل کچھ

اس طرح طے کیں کہ اسے پنڈت نول کشور نے اسے پہلے پندرہ روزہ اخبار کے طور پر پیش کیا پھر ہفتہ وار شائع کیا جو کہ ہر چہار شنبہ کو نکلتا تھا بڑھتی مقبولیت کے باعث اسے ہفتہ میں دو بار ۱۸۷۲ میں اور پھر ۱۸۷۶ میں ہر تیسرے دن نکالا جانے لگا صحافتی دنیا میں یہ اخبار اپنے معیار کی وجہ سے امتیازی حیثیت کا حامل بنتا گیا اور پھر ۱۸۷۷ میں اسے روزنامہ کر دیا گیا۔

اس اخبار کے پندرہ روزہ اور روزنامہ ہونے کے بارے میں محققین میں اختلافات پائے جاتے ہیں حسن ابرار اپنے ایک مضمون اردو صحافت کی عہد آفریں یادگار۔۔اودھ نامہ میں مستند حوالوں کے ساتھ لکھتے ہیں کہ

اودھ اخبار ابتدا میں پندرہ روزہ رہا پھر ہفتہ روزہ رہا بعد میں ہفتہ میں دو بار شائع ہونے لگا اس کے بعد روزنامہ ہو گیا۔ ا۔

لیکن ڈاکٹر اکبر حیدری اس بات پر زور دیتے ہیں کہ یہ کبھی پندرہ روزہ رہا ہی نہیں چونکہ وہ یہ بات ۱۸۲۶ سے ۱۸۵۷ تک کی فائلیں دیکھنے کے بعد کہتے ہیں اس لیے ان کی بات زیادہ درست معلوم ہوتی ہے۔ ۲۔

اس اختلاف کے ضمن میں مشہور فرانسیسی مستشرق گارساں دتاسی کا خطبہ کا یہ اقتباس بھی کافی اہم ہے جو کہ صفحہ نمبر ۵۱۴ پر ہے وہ لکھتا ہے۔

یہ اخبار پچھلے سات سال سے نہایت کامیابی کے ساتھ نکل رہا ہے چنانچہ اس کی ہر اشاعت پچھلی ہر اشاعتوں سے بہتر نظر آتی ہے۔ اس کی تقطیع اور صفحات کی تعداد بھی بڑھتی جا رہی ہے یہ اخبار ہفتہ وار ہے اور ہر چار شنبہ کے روز شائع ہوتا ہے شروع شروع میں اس میں صرف چار صفحے ہوا کرتے تھے اور وہ بھی چھوٹی چھوٹی تقطیع پر۔ پھر چھ ہوئے اور پھر سولہ اور اب اڑتالیس صفحات پر مشتمل ہوتا ہے پہلے کے مقابلے میں اس کی تقطیع

بڑی ہو گئی ہے۔ میرے خیال میں اس سے زیادہ ضخیم اخبار ہندوستان بھر میں اور کوئی نہیں ہے۔ ۳؎

گارساں دتاسی کے اس خطبے سے اس خیال کو تو تقویت ملتی ہے کہ یہ ہفتہ وار اخبار تھا مگر اخبارات کے صفحات کے بارے میں پھر سوال کھڑا ہو جاتا ہے کیونکہ یہ اخبار ۱۲ اور ۱۶ صفحات میں ہی شائع ہو تا رہا ہے ممکن ہے کوئی خاص نمبر گارساں دتاسی کی نظر سے گذرا ہو اور انہوں نے اسی کے حوالے سے یہ بات لکھ دی ہو۔

اودھ اخبار بڑی تقطیع پر ۱۱، ۱۴ کے سائز پر سہ کالمی ہو تا تھا اس کے پہلے صفحہ کی جاذب نظری کا خاص خیال رکھا جاتا تھا آغاز میں اس پر اشتہار ہوا کرتا تھا لیکن کچھ وقت کے بعد اس کی یہ ترتیب بدل دی گئی جنوری ۱۸۷۰ میں اس میں مینیجر شیوپرساد کی تحریر جو کہ اخبار کی افادیت کے بارے میں ہوتی تھی صفحہ اول پر چھپتی تھی ساتھ ہی ایک شعر بھی درج ہوا کرتا تھا جو کہ یہ تھا

الٰہی جلوہ برق تجلی دہ زبانم را
قبول خاطر موسیٰ کلاماں کن بیانم را

لیکن شعر کے اوپر لفظ اشتہار بھی لکھا ہوا ۲۸ اپریل ۱۸۷۰ کے ایک عکسی تصویر میں ملتا ہے جو کہ نیا دور کے نول کشور نمبر میں صفحہ نمبر ۲۰ پر ہے جسے راقمہ نے دیکھا ہے۔

منشی نول کشور نے اخبار کو ایک میعاری اخبار بنا کر پیش کیا تھا جس کے اصول انہوں نے خود متعین کیے تھے مضامین کی ترتیب کس طرح سے ہو گی، کس خبر کو کس طرح سیٹ کیا جائے گا اس پر وہ خاص نظر رکھتے تھے یہی وجہ رہی کہ کم عرصے میں ہی اخبار کی مقبولیت کا عالم یہ ہوا کہ اس کی تعداد اشاعت ۱۲ ہزار کو پہنچ گئی اور یہ نہ صرف ملک میں

مقبول ہوا بلکہ بیرون ملک میں بھی اس کی رسائی ہوئی گارساں دتاسی کو یہ اخبار مسٹر ایڈورڈ ہنری پامر بھیجا کرتے تھے۔

اودھ اخبار میں اردو اخباروں سے ہی خبریں نہیں لی جاتی تھیں بلکہ گزٹ آف انڈیا، انڈین ڈیلی نیوز، فرینڈ آف انڈیا اور پائینیر جیسے انگریزی اخباروں ک خبریں اور اہم مضامین ترجمہ کرواکر شائع کیے جاتے تھے۔ پنڈت نول کشور نے بڑے بڑے شہروں میں اپنے نامہ نگار متعین کیے ہوئے تھے جس کی وجہ سے ملک کی اہم ترین خبریں شائع کرنے میں اس اخبار کو اولیت حاصل ہوئی ساتھ ہی بیرون ممالک کی خبریں بھی اس میں بروقت شائع ہوتی تھیں۔

عوام کو ان کے اخبار سے ملک اور بیرون ملک کی خبروں کے علاوہ رفاہ عامہ کی خبریں بھی برابر ملتی رہتی تھیں۔ ساتھ ہی اس میں سرکاری قوانین، احکامات، عدالتی کار وائیاں، ریلوے ٹائم ٹیبل وغیرہ کی اطلاعات بھی ہوتی تھیں جنہیں کبھی تو ترجمہ کرواکر اور کبھی ضرورت کے مطابق دیوناگری رسم خط میں ہی شائع کر دیا جاتا تھا۔

منشی نول کشور نے اس اخبار کے لیے اس وقت کے علماء اور فضلا کو یکجا کیا ہوا تھا مختلف ادوار میں مختلف نامور اہل قلم کی وابستگی نے اس کے میعار کو ہمیشہ قائم رکھا ان حضرات میں منشی امیر اللہ تسلیم، قدر بلگرامی، (شاگرد غالب) پنڈت رتن ناتھ سرشار نسیم دہلوی، شرر لکھنوی، مرزا حیرت دہلوی، شیو پرشاد، نوبت رائے نظر، دوارکا پرشاد افق، مرزا یاس یگانہ چنگیزی، پیارے لال شاکر، منشی پریم چند، شوکت تھانوی، امین سلونوی وغیرہ جیسے ادیبوں نے اپنی خدمات انجام دیں۔ جن کی کی صلاحیتوں نے اودھ اخبار کی بقامیں اہم ترین کردار ادا کیا۔

یہ اخبار ادبی خدمات کے لیے بھی یاد کیے جانے کا مستحق ہے کیونکہ نہ صرف یہ مطبع

سے شائع ہونے والی کتابوں کا سب سے بڑا مشتہر تھا بلکہ علمی اور ادبی خبروں کا منبع بھی تھا یہی وجہ رہی کہ یہ عوامی اور ادبی حلقوں میں یکساں طور پر مقبول ہوتا رہا۔ غالب کے خطوط سر سید کے مضامین اس کی زینت بنتے رہے، پنڈت رتن ناتھ سرشار کا ناول فسانہ آزاد اسی اخبار میں جب قسط وار شائع ہوا تو ناول اور اخبار دونوں کی شہرت بام عروج پر پہنچ گئی۔

پنڈت نول کشور ایک انسان دوست شخصیت کے مالک تھے اور ان کی اس خوبی کا مظاہرہ اخبار میں کچھ اس طرح نظر آتا تھا کہ جب بھی شہر میں کوئی نمایاں حیثیت کی حامل ادبی، سماجی سیاسی یا علمی شخصیت کی تشریف آوری ہوتی وہ اسے اپنے مطبع پر ضرور دعوت دیتے۔ ان کا تعارف اور دیگر تفصیلات اخبار میں شائع بھی کرتے۔ اسی طرح علمی ادبی اداروں کی جانب سے منعقد ادبی محفلوں، مجلسوں اور ثقافتی سرگرمیوں کی خبریں بھی برابر شائع کی جاتیں۔

نول کشور اردو زبان کے زبردست حامی تھے اور اسکی بقا کے لیے ہمہ وقت کوشاں بھی رہتے تھے وہ کہتے تھے اردو زبان ہندوؤں اور مسلمانوں کے باہمی اختلاط سے وجود میں آئی ہے اور اس میں دوسری زبانوں کے الفاظ با آسانی ضم ہو جاتے ہیں اس لیے یہ عدالتوں میں بھی مقبول ہے۔ وہ اپنے اخبار میں اپنے خیالات کا برملا اظہار بھی کرتے رہتے تھے۔ وہ اردو کے مخالفین کے مضامین اخبار مٰیں شائع کرتے اور پھر بھرپور استدلال کے ساتھ ان کے موقف کی تردید کرتے یہ ایک عالمانہ رویہ تھا اردو کی حمایت کا۔

اودھ اخبار کو نول کشور نے ہندو مسلم اتحاد کا ایک مثالی نمونہ بنا دیا تھا مسلمانوں اور ہندوؤں دونوں قوموں کے تہواروں کے موقع پر خاص نمبر بڑی تزئین کے ساتھ نکالا جاتا تھا۔ اس اخبار میں سماجی اصلاح ادب اور فنون کی ترقی و ترویج کے معاملات پر

خصوصی توجہ دی جاتی تھی۔ اس اخبار کی خاص پالیسی تھی کہ ملک کی عوام کے لیے ہر مفید بات لکھی جائے۔ فرقہ واریت کی مخالفت اور اتحاد کی حمایت پر زور طریقے سے کی جائے۔

ڈاکٹر عبد السلام خورشید اپنی کتاب صحافت ہند و پاک میں لکھتے ہیں:۔

اودھ اخبار ایک خالص غیر فرقہ وارانہ اخبار تھا بظاہر ٹیپ
ٹاپ سے اور مضامین دیکھ کر کچھ یوں معلوم ہوتا ہے جیسے مسلمانوں کا اخبار تھا
۔۔۔اس کا کوئی خاص سیاسی مسلک نہ تھا ہمیشہ دامن بچا کر چلتا تھا۔[۴]

منشی نول کشور اپنے اخبار کے عملے کا بھی خاص خیال رکھتے تھے ان کے غم اور خوشی میں برابر شریک ہوتے۔ کسی کے بیمار ہو جانے پر خود عیادت کے لیے جاتے اس کا علاج و معالجہ کرواتے اس کی ضرورتوں کا خیال رکھتے۔ امین سلونوی ان کی ان صفات کا ذکر کرتے ہوئے اپنے ایک مضمون منشی نول کشور کی خدمات میں لکھتے ہیں کہ:۔

منشی نول کشور اپنے ادارے میں کام کرنے والوں سے بڑا شاہانہ سلوک کرتے تھے۔ مثلاً سنا ہے کہ رتن ناتھ سرشار کے لیے یہ انتظام تھا کہ وہ چاندنی راتوں میں دریائے گومتی کے کنارے بیٹھ کر اپنی تخلیقات سپرد قلم کریں۔ وہاں جس چیز کی خواہش انہیں ہوتی وہ مہیا کی جاتی۔[۵]

قصہ مختصر اودھ اخبار کے ذریعے منشی نول کشور نے اپنی حیات کے آخری لمحوں تک اردو صحافت کی خدمات انجام دیں اور ان کا یہ اخبار بھی اپنی شاندار روایت کے ساتھ ۹۲ سال تک پوری آب و تاب کے ساتھ جاری رہا بالآخر وارثان مطبع کے باہمی نزاع کی بنا پر ۱۹۴۹۔۵۰ میں اردو صحافت کا ایک اہم باب بند ہو گیا۔

حواشی:

۱: نیا دور۔۔نول کشور نمبر نومبر دسمبر ۱۹۸۰: ص۔۴۰
۲: ڈاکٹر اکبر حیدری: منشی نول کشور اور اودھ اخبار، نیا دور نول کشور نمبر نومبر دسمبر ۱۹۸۰ جلد، ۳۵، شمارہ ۹،۸۔ ص: ۲۳
۳: خطبہ گارساں دتاسی دسمبر ۱۸۶۶ ص: ۵۱۴
۴: ڈاکٹر عبد السلام خورشید: صحافت ہند و پاک: ص۔۱۸۱
۵: امین سلونوی: منشی نول کشور کی خدمات، نیا دور نول کشور نمبر نومبر دسمبر ۱۹۸۰ جلد ۳۵، شمارہ، ۹،۸۔ ص: ۱۶۱

Munshi Newal Kishore and Avadh newspaper. Essay: Dr. Ishrat Naheed

***

۱۰

۱۹۶۰ کے بعد اردو نظم میں مشترکہ ہندوستانی تہذیب

غلام نبی کمار

اردو زبان اپنے تشکیلی دور سے لے کر عروج تک اور عروج سے لے کر موجودہ دور تک کسی بھی سطح پر ہندوستانی ماحول، معاشرے اور مشترک مزاج اور سماج سے بے نیاز نہیں ہوئی ہے اردو شروع سے ہی سب کے ساتھ مل کر اور سب کو ساتھ لے کر چلتی رہی ہے اس کے مزاج اور خمیر میں یہ بات شامل ہے۔ اس کے تشکیلی عناصر ہی ہندو مسلم ہندی اور ہندوستانی ہیں یہ اخوت و محبت کی زبان ہے اور اتحاد و اتفاق کی علامت بھی، وطن دوستی، وطن پرستی، مساوات، رواداری اور قومی یکجہتی کی ضمانت بھی، اس کا ادب، اس کی شاعری اسی کی ترجمان ہے۔ اردو زبان کی تشکیل اور ارتقا میں ہند لمانی کلچر ہے جس میں مسلمانوں کے علاوہ ہندو، سکھ، عیسائی اور دوسرے مذہب کے لوگ بھی بہت فعال رہے ہیں لیکن کیا کیا جائے کہ لسانی تشدد میں سب سے زیادہ زد میں آنے والی زبان اردو ہی ہے۔ "کدم راؤ پدم راؤ" سے لے کر آج تک کتنی ہی ممتاز کتابیں، ہندوؤں، سکھوں، یہاں تک کہ انگریزوں کے قلم سے نکلی ہیں اور شاہکار کا درجہ رکھتی ہیں۔ ماضی

کو فراموش کر دیجیے تو آج بھی ایسے لوگوں کی کمی نہیں جو مسلمان نہیں ہیں لیکن آج کی مروّجہ صنفوں میں نہ صرف قابلِ احترام ہیں بہت حد تک اس زمانے کے ارتقائی سفر میں اہم رول انجام دے رہے ہیں۔ داستان ہو کہ ناول، افسانہ ہو کہ انشائیہ، طنز و مزاح ہو کہ سفر نامہ، مرثیہ ہو کہ قصیدہ، غزل ہو کہ نظم سبھی مشترکہ تہذیب کی آئینہ دار بھی ہیں اور اس زبان کو تقویت پہنچانے کا باعث بھی۔

متذکرہ بالا میں اردو ادب کی جتنی بھی اصناف کے نام گنوائے گئے ہیں ان سب میں ہندوستان کی علمی و ادبی، سیاسی و سماجی، تہذیبی و تمدنی، معاشی و معاشرتی، اخلاقی و اقداری، اقتصادی و ثقافتی، مذہبی و ملّی، قومی و وطنی وغیرہ جیسے عناصر بہ کثرت پائے جاتے ہیں۔ گو کہ اردو زبان میں ہندوستانی سماج کی کامیابی اور ترقی کے راز مضمر ہے۔ اردو زبان کی مختلف اصنافِ سخن میں شاعری ایک اہم وسیلہ قرار پائی ہے جس نے مشترکہ تہذیب کی علامت کو اجاگر کرنے میں اہم اور قابلِ اعتنا کردار نبھایا ہے۔ یہ بات بھی اظہر من الشّمش ہے کہ شاعری میں بھی صنفِ نظم ہی نے سب سے زیادہ ہندو مسلم میں اتحاد، بھائی چارگی، باہمی اختلاط، اخوت، ہمدردی، یگانگت، مساویانہ حقوق، میل جول اور اپنا پن کے احساس کو نمایاں کرنے میں معاون کردار ادا کیا ہے۔ اردو صنف نظم میں ایسے شعراء کی کمی نہیں ہے جنھوں نے ان موضوعات کو اپنی شاعری کا اہم وسیلہ بنا کر عوام کے دلوں پر راج کیا۔ مختلف ادوار میں مختلف شعراء حضرات کی آمد نے صنف نظم کے دامن کو مالامال کیا۔ اردو شاعری میں ہندوستانی تہذیب و تمدن کے آب و گِل کی خوشبو ابتدا سے ہی ادبی فضا کو معطر و معتبر کئے ہوئے ہیں۔ نظیر اکبر آبادی کی نظموں پر نظر ڈالئے۔ حالی، آزاد، سرسید کی نیچرل نظم و نثر کو پرکھیے جن میں ہندوستانی گنگا جمنی تہذیب کی حقیقت کے نادر و نایاب جھلکیاں نمایاں نظر آئیں گی۔ ہندوستان میں جب وطنیت اور قومیت کا سیاسی تصوّر پیدا

ہوا تو شعرائے کرام کے لب و لہجے میں خود بہ خود تبدیلی پیدا ہوئی۔ شروع میں اکبر الہ آبادی، برج نرائن چکبست، ظفر علی خاں، درگا سہائے سرور، علامہ اقبال، تلوک چند محروم، جوش ملیح آبادی، احسان دانش، ساغر نظامی اور دوسرے شعرائے کرام کے نام اس سلسلے میں لئے جاسکتے ہیں جن میں علامہ اقبال کے " نظریہ وطنیت " نے جس کی اساس وطنِ عزیز کی وابستگی پر تھی اپنا "ترانہ ہند" پیش کیا اور نونہالانِ وطن اور بلبلانِ چمن جھوم جھوم کر۔۔۔۔ "سارے جہاں سے اچھا ہندوستان ہمارا" گانے لگے۔ شاعر مشرق کی یہ مقبول نظم آج بھی ہر اسکول میں ہندوستانی طلباء ترنم سے پڑھتے ہیں۔

حب الوطنی، قومی، مذہبی، تہذیبی، ملّی، تعمیری اور سماجی نظمیں وغیرہ کہنے کا یہ رواج آزادی کے بعد بھی جاری و ساری رہا۔ ۱۹۶۰ء کے بعد کے نظم نگار شاعروں کی ایک طویل فہرست پیش کی جاسکتی ہے جنھوں نے اس نوعیت کے موضوعات کو شاعری میں برت کر اپنی شہرت کا ضامن بنایا۔ ضیاہانی، کمار پاشی، نازش پرتاپ گڑھی، نیاز حیدر، مظہر امام، مخمور سعیدی، زبیر رضوی، بلراج کومل، چندبھان خیال، عنبر بہرائچی، گوپال متل، علی جواد زیدی، اجمل اجملی، سلام مچھلی شہری، معین احسن جذبی، جگن ناتھ آزاد، پریم وار برٹنی، انور جلالپوری، ریاضت علی شائق اور مظفر حنفی، فرحت حسین خوشدل، سید احمد سحر، وغیرہ وغیرہ وہ شعراء ہیں جنھوں نے ۱۹۶۰ء کے بعد ہندوستان کی قومی یکجہتی، حب الوطنی، مذہبی رواداری اور قومی میراث جیسے موضوعات پر نظمیں لکھ کر اردو شعر و ادب کی دنیا میں اپنی شناخت اور پہچان مظبوط کرلی۔

ضیا ہانی کے شعری مجموعہ "آئینہ وطن" میں وہ نظمیں ملتی ہیں جن سے شاعر موصوف کی "وطنیت اور قومیت" کے بارے میں افکار و خیالات کی نشاندہی ہوتی ہے اس مجموعہ کلام میں موصوف نے ان معروف ہستیوں کے بارے میں نظمیں قلمبند کی ہے

جو دانشور بھی ہیں اور سیاسی رہنما بھی، جو صوفی بھی ہیں اورادیب بھی، عالم بھی ہیں اور شاعر بھی۔ شخصیات پر لکھی گئی ان کی نظموں میں گاندھی جی، مولانا محمد علی جوہر، ڈاکٹر مختار انصاری، ٹیپو سلطان شہید، علامہ اقبال، گرونانک، چکبست لکھنوی، کیفی دہلوی، اکبر الہ آبادی، غالب، سرشار، مہاراشٹر کے صوفی، مہاراشٹر کے سنت وغیرہ قابلِ ذکر ہیں۔ بہر کیف اپنی بساط کے مطابق موصوف نے ہر اس عظمت انسان کے بارے میں لکھا ہے ہے جس نے سیاست میں، ادب میں، تصوف میں یا فنِ شعر میں کمال دکھایا ہے۔ ان کی دیگر نظموں کے بارے میں پروفیسر یونس اگاسکر صاحب کا یہ اقتباس ملاحظہ فرمایئے:

"ایک محبِ وطن سے ان کی نظمیں ان کے جذبات و احساسات کا پر کشش آئینہ ہیں۔ جس میں تہذیبی روایات "قدیم و جدید" نشانات کے نادر و نایاب نمونے نظر آتے ہیں۔ ساحلِ مہاراشٹر، تاج محل، میرا وطن ہے، تعمیرِ وطن، ڈل، کملا نہرو پارک، وغیرہ ملاحظہ فرمایئے اور حظ اُٹھایئے"۔

کمار پاشی نے اپنی نظموں "ایودھیا میں آرہاہوں"، "کرشن"، "گمشدہ لفظ"، "پشاچ نگری"، "ولاس یاترا" وغیرہ میں جہاں اپنے وطن کی مٹی سے پیار اور لگاؤ کا اظہار کیا ہے وہی اپنی قوم کی دبتی اور کھوئی ہوئی قدروں کے افسوس کا رنگ بھی جھلکتا ہے۔ دیو دیوتاؤں کے تئیں عقیدت، احترام اور ان کی عظمت کا بیان کمار پاشی کی نظم "کرشن" میں واضح طور پر نظر آتا ہے۔ ان کی نظموں میں ہندوستانی تصور و تہذیب کی بھرپور عکاسی کی گئی ہے ان نظموں کا گہرا تعلق ہندوستان کی مٹی کی بو باس، فضا، اساطیر اور دیو، مالاؤں سے ہے ان کا رنگ و آہنگ ہندوستان سے ہی مستعار ہے ان نظموں میں مفاہمت کا جو انداز ہے، جو فکر ہے وہ گنگا جمنی تہذیب ہی کے تحت پیدا ہو سکتے ہیں۔

نازش پرتاپ گڑھی نے بھی ایسی بہت سی نظمیں کہیں ہیں جو مشترکہ ہندوستانی

تہذیب کی نمائندگی کرتی ہے ان کی نظموں میں "اے نغمہ گرو"، "اے ہم سخنو"، جشنِ جمہور"، "اے زبان"، "اے میرے وطن"، "اپنی دھرتی اپنا دیش"، "موسمِ گل کے سفیر"، "باپو کی آواز"، "دیش کے نوجوانوں"، "جاگ اے میرے وطن" وغیرہ خاص طور پر قابلِ ذکر ہیں۔ نازش کی نظم "زبان سے نفرت کیوں" سے چند اشعار ملاحظہ ہوں:

جہاں بھی چھاؤں گھنی ہو قیام کرتے چلو
ادب جہاں بھی ملے، احترام کرتے چلو
زبان تسلسل تاریخِ زندگانی ہے
زبان منازلِ تہذیب کی کہانی ہے
زبان مچلتی ہے مٹی پہ چہچیوں کی طرح
زبان نکلتی ہے چلمن سے زمزموں کی طرح
زبان قوم کی عزت بھی ہے، غرور بھی ہے
زبان عوام کی محنت بھی ہے، شعور بھی ہے

چونکہ ہندوستان نہ صرف رقبہ کے لحاظ سے ایک بہت بڑا اور وسیع و عریض ملک ہے بلکہ آبادی کے لحاظ سے بھی ہندوستان دنیا میں دوسرے نمبر پر ہے۔ یہاں جتنے مذاہب، طبقوں اور قوموں کے لوگ رہتے ہیں، مشکل سے ہی دنیا کے کسی ملک میں مذاہب اور قوموں کی اتنی تعداد پائی جائے۔ یہی وجہ ہے کہ یہاں ایک کثیر تعداد میں مختلف زبانیں بولی جاتی ہیں۔ اس وجہ سے نازش صاحب کی مذکورہ بالا نظم ایک قوم کی تہذیبی وراثت کی علمبردار نظم کہی جاسکتی ہیں جس میں زبان کی خصوصیات کو مؤثر طریقے سے بیان کیا گیا ہے۔ غرض نازشؔ کی نظمیں وطن دوستی، امن و امن، تہذیب کی رکھوالی، امن کی پاکبازی کا جیتا جاگتا ثبوت پیش کرتے ہیں۔

نئی نظم کے معماروں میں نیاز حیدر بھی ایک اہم نام ہے۔ ان کے شعری مجموعہ " شعلہ آوارگی" میں "گنگو کا ترانہ"، تہذیب کے معمار"، اور "سے بڑا گمبھیر" جیسی نظموں میں ان کی عوام دوستی کا پہلو روشن نظر آتا ہے۔ نیاز حیدر نے ایسی نظمیں بھی لکھی ہیں جن کا آہنگ اور علامتی اسلوب عوامی زندگی اور ہندوستانی تہذیب کے نئے رخ کو پیش کرتا ہے۔ نیاز حیدر بقول قمر رئیس کے

"ہندوستانی سنگیت اور لوک ساہتیہ کی ان روایات سے گہری واقفیت رکھتے تھے جن کا تعلق عوام کے رہن سہن، ان کی سوچ اور تہذیب سے تھا۔"تانڈو" ،" نٹ راج"، "مانجھی" اور " وندنا" جیسی نظمیں نظیر اکبر آبادی کی روایت کی توسیع کہی جائیں گی"۔

نیاز حیدر کے یہاں وطن پرستی کا تصور بھی ہے اور وہ ہندوستانی کے حسین مظاہر کو عوام کی تخلیقی محنت اور اتحاد و اخوت کا ثمرہ سمجھتے ہیں۔ ان کی نظموں میں ایسی تصویر کا ایک نکھرا ہوا رنگ و روپ نظر آتا ہے جن سے ہندوستان کے قدرتی مناظر اور رسیلی رتوں سے توازن اور وابستگی کا اظہار ہوتا ہے۔ لیکن جب ان کی نگاہ تخیل، تہذیب کے رنگ و روپ کو متحرک پیکروں میں دیکھتی ہے تو ان کا وجود جھوم اٹھتا ہے اور ان کی تخلیقی فکر میں روانی پیدا ہوتی ہے۔ نظم "امن کی راہ پر" سے چند اشعار ملاحظہ ہے:

اُٹھاؤ بھیڑا کہ ایشاء میں کبھی غلامی نہیں رہے گی
پنپ سکے گا نہ کوئی فتنہ نظر میں خامی نہیں رہے گی
یہ ٹوٹی گاڑھی نہیں چلے گی یہ بد انتظامی نہیں رہے گی
ہم اُس کو باقی نہ رہنے دیں گے جو عوامی نہیں رہے گی

مخمور سعیدی بنیادی طور پر غزل کے شاعر ہیں لیکن ان کے متعدد مجموعۂ کلام میں

ایسی نظمیں ملتی ہیں جس میں انھوں نے مناظرِ حسن و فطرت، سیاسی و سماجی ہیجان، معاشی زبوں حالی، انسانیت کی ناقدری، اقدار کی شکست و ریخت، اور سماجی ابتری جیسے موضوعات کو اپنی نظموں کا خاصا بنایا ہے۔ یہی نہیں ہندوستان شناسی، اور اس کی اقداری اور تہذیبی روایات کی پاسداری بھی انھوں نے خوب کی ہے۔ ان کی نظم "اے ارضِ وطن" اس کا عمدہ نمونہ ہے چند اشعار ملاحظہ فرمایئے:

صحرا بھی ترے گلشن گلشن سایے بھی ترے روشن روشن
اے ارضِ وطن اے ارضِ وطن اے ارضِ وطن اے ارضِ وطن
مندر کے کلس کیا ہیں ترے خوابوں کی سنہری تعبیریں
مسجد کے مناروں میں تیری بیداری جاں کی تنویریں
اک تیری کتاب عظمت کی محفل سو تفسیریں
چشتی کی دعا، نانک کی نوا، غالبؔ کی غزل، میراؔ کے بھجن
اے ارضِ وطن اے ارضِ وطن اے ارضِ وطن اے ارضِ وطن

متذکرہ بالا نظم "اے ارضِ وطن" پندرہ بندوں پر مشتمل ہے جس کی بیانی اور ذودِ گوئی میں انھوں نے اپنے قلم کو جاں بخشی ہے۔ ہندوستان اور مشترکہ تہذیبی وراثت کا بانکپن بند کے لفظ لفظ سے ٹپکتا ہے۔ تہذیبی لفظوں سے پروئی گئی یہ نظم مشترکہ تہذیب کی علامت ہے۔ مخمور سعیدی کے اس موضوع سے مطابقت رکھنے والی دیگر نظموں میں "ہندوستان"، "وہ شہر بھی اسی جگہ ہے"، ترکمان گیٹ دہلی"، "سلام عقیدت"، "شکون"، "موسم بہار کی ایک نظم" وغیرہ بھی قابلِ ذکر ہیں۔

چندر بھان خیال اردو کے ایک حساس شاعر تصور کیے جاتے ہیں۔ ان کی نظم "ہاں! وے مسلمان" اس عہد کی تہذیبی کشمکش کی آئینہ دار ہے۔ دراصل یہ نظم ہندی شاعر

دیوی پرشاد مشر کی نظم "مسلمان" کے شائع ہونے کے بعد ردِ عمل کے طور پر منظرِ عام پر آئی تھی۔ چندر بھان خیال جو کہ ہندوستان کے مشترکہ کلچر کے پروردہ، سکیولر ذہن کے مالک، قدروں کے رمز شناس ہیں انھوں نے اپنی مذکورہ نظم میں حب الوطنی کے خود ساختہ ٹھیکیداروں کو منہ توڑ جواب دیا ہے نظم کا ایک حصّہ ملاحظہ فرمائیے:

"مسلمان نہ ہوتے تو / قبیلوں، ورنوں، طبقوں، اور جاتیوں کے جنگل میں / تنفر کی آگ لگی ہوتی / جنگل جل چکا ہوتا / پھر آرکشن کی دھوپ میں کسے سینکتے / آرکشن کا ورودھ کون کرتا / جمہوریت کی مینا کہاں چہچہاتی / سمتا، سنتولن، سماج سدھار شبد کوش ہیں / دھر رہتے۔۔۔ وہ مسلمان ہیں / وہ رتھ یا گھوڑے پر سوار آتنک نہیں، وے رام سے نہیں ڈرتے / لیکن ڈرتے ہیں تو رام نام کے سوداگروں سے / وے مارکس سے نہیں ڈرتے / لیکن ڈرتے ہیں مارکس کے نافہم پرستاروں سے / وے کسی سے نہیں ڈرتے / لیکن ڈرتے ہیں / حکمِ الٰہی میں ملاوٹ کرنے والوں سے"۔

ہندوستانی تہذیب و ثقافت کا ایک اہم نکتہ سکیولرزم اور رواداری ہے ہمارے عہد کے شاعر نے اسے بڑی خوبصورتی اور برجستگی سے پیش کیا ہے۔

عنبر بہرائچی کے یہاں موجودہ عہد میں گاؤں کی مٹی سے حد درجہ لگاؤ ہے بقول فضیل جعفری "عنبر ہمارے پہلے جدید دیہی شاعر (Rural Poet) ہیں اور یہی ان کا قلعہ ہے۔ دیہی شاعری کے جیسے اعلیٰ نمونے ان کے یہاں ملتے ہیں کہیں اور دکھائی نہیں دیتے"۔ اس کی عمدہ مثال عنبر بہرائچی کی نظم "تنہائی ہوئی ہے پسینے میں لیکن" ہے۔

ریاضت علی شائق بھی عصر حاضر کے اہم شاعروں میں شمار کیے جاتے ہیں۔ ان کا مجموعۂ کلام "نذرِ وطن" انہیں وطنی اور قومی شاعر ثابت کرنے کے لیے کافی ہے۔ جس کی ہر ایک نظم وطنیت کے جذبات سے سرشار ہے۔ ان میں ہندوستان کے نو بہ نو

فطری مناظر سے، ہندوستانی تہذیب کی بو قلمونی سے، رنگارنگ عوامی تہواروں سے، ہندوستان کے عظیم فرزندوں سے، اور اس کی تعمیر و ترقی کے مظاہر سے گہری وابستگی جھلکتی ہے۔ اس سلسلے میں "صدائے فرض"، "جشنِ زرین"، "ہولی"، اور "دیوالی" جیسی نظمیں خصوصیت سے قابلِ ذکر ہیں۔ ان نظموں میں سیدھی سادھی زبان شاعر کے سچے اور پر خلوص جذبات کا اظہار ہوا ہے۔ اس لیے یہ قاری کو اپیل کرتی ہیں۔ وطن کے برگزیدہ اور عظیم شخصیتوں میں "سبھاش چندبوس"، "گرونانک"، اور "تلسی داس" جیسی نظمیں گہری تاثیر اور شاعرانہ حسن کی آئینہ دار ہیں۔ چند اشعار پیشِ نظر ہیں:

ہم اس کے پاسباں ہیں یہ پاسباں ہمارا
ہندوستان کے ہم ہیں ہندوستان ہمارا
(یہ گلستاں ہمارا، از شائق)

یہ حسین جگمگاتے نگر، گاؤں ہیں جس کے رشکِ قمر
آج شائقؔ کے ہیں دیش پر، یہ فدا جان و تن زندہ باد
(سرزمینِ وطن زندہ باد، از شائق)

ان کی دوسری نظموں میں ایکتا، عید کی شوبھا، باپو، امن ہند کی بیٹی اردو، چراغِ اردو، گنگا جمنی تہذیب، جوشؔ و کبیرؔ، ندائے اتحاد، تہذیب کا گہوارہ، وغیرہ بھی ان کی وطن پرستی کی سچی جانشین ہے۔

زبیر رضوی بنیادی طور پر نظم کے ہی شاعر ہیں اور ان کا شمار جدید نظم نگاروں کے بانیوں میں کیا جاتا ہے۔ اگرچہ ناقدین نے ابھی تک ان کی نظموں میں مشترکہ ہندوستانی تہذیبی عناصر کی نشاندہی نہیں کی ہے تاہم ان کی چند ایک نظموں میں اس کی جھلک صاف نظر آتی ہے۔ ان کی نظموں میں وطن کی سوندھی سوندھی خوشبو بھی ہے اور یہاں کی

گلیوں، میلوں، ٹھیلوں، بازاروں، بستیوں اور موسموں کا ذکر بھی ہیں۔ زبیر امن مخالفوں سے خفا بھی ہے اور انہیں شہر کی گم شدہ رونق کا ماتم بھی ہے۔ انھوں نے بدلتے موسموں کا ذکر بھی چھیڑا ہے اور ہندوستانی روایات، کلچر اور تہذیبی ثقافت کے گیت بھی گائے ہیں۔ انہیں رشتوں کا احساس بھی ہے اور اس کے فاصلے کی چبھن بھی ہے۔ انھوں نے بچوں کی پسند کا لحاظ بھی رکھا ہے اور وطن کا گیت بھی گایا ہے۔

یہ ہے میرا ہندوستان
میرے سپنوں کا جہاں
اس سے پیار ہے مجھ کو
(یہ ہے میرا ہندوستان، از زبیر رضوی)

ان کی نظمیں جو مشترکہ تہذیبی علامت کی پاسدار اور امین ہے، میں "زمین تقسیم ہوچکی ہے"، مٹی کی خوشبو"، "امن سے دشمنی"، "گم ہوتا شہر"، "کبیر رنگ" اور "صادقہ" وغیرہ قابلِ ذکر ہیں۔

انور جلاپوری بھی اردو شعر وادب کے گیسو سنوارنے میں پیش پیش ہے انھوں نے بھگوت گیتا کا منظوم اردو ترجمہ کر کے نہ صرف اردو جاننے والوں بلکہ غیر ہندی والوں پر بھی احسان کیا ہے۔ بھگوت گیتا کا منظوم ترجمہ کر کے انھوں نے اتحاد و اتفاق اور بھائی چارگی کی ایک عظیم مثال قائم کی ہے۔ بھگوت گیتا کے ابھی تک ۸۲ تراجم ہوچکے ہیں جن میں ۱۵ منظوم تراجم ہے۔ انور جلاپوری نے اپنے منظوم ترجمے کے لیے بحرِ متقارب کا انتخاب کیا ہے۔ جو ثقیل، دقیق اور بھاری بھرکم الفاظ کی متحمل نہیں ہے۔ اس ترجمے کے لیے موصوف اردو اور ہندی سے تعلق رکھنے والے ادباء سے خراجِ تحسین حاصل کرچکے ہیں۔ چند شلوک ملاحظہ فرمائیے:

اُدھر کرشن وارجن بھی بیتاب ہیں
یہ دونوں ہی خورشید و مہتاب ہیں
وہ رتھ جس کے گھوڑوں کی شان ہے
سفیدی ہی گھوڑوں کی پہچان ہے

متذکرہ بالا میں پیش کیے گئے شلوک سے آپ موصوف کے ترجمے میں برتی گئی زبان کی سلاست، فصاحت، بلاغت، شستگی، برجستگی، پاکیزگی اور روانی سے آپ ضرور محظوظ ہوں گے۔

سید احمد سحر بھی بطور ایک وطنی شاعر کے اپنی منفرد پہچان بنا چکے ہیں ان کے مجموعۂ کلام "گدازِ سحر" میں ایسی متعدد نظمیں ملتی ہیں جن میں ہندوستانیت کی بوباس صاف نظر آتی ہے۔ ان کی نظموں میں " یوم آزادی جشنِ سیمیں"، جشنِ جمہوریت، "بھارت تو ہے بڑا مہان"، "عید قرباں" وغیرہ نمایاں ہے۔ انھوں نے ۱۹۹۵ء میں کشمیر کے عظیم الشان مقام پر پیش آئے سانحہ کو "چرار شریف" کے عنوان سے نظم قلمبند کی ہے۔ پروفیسر تنویر احمد علوی لکھتے ہیں:

"ہم سحرؔ صاحب کو پڑھتے ہیں تو ان کے نسخۂ حُبِ وطن میں کہیں ہمیں اقبالؔ کا اپنا قومی شعور جھلکتا نظر آتا ہے کہیں جوشؔ کی پرجوش شاعری کی جھلک اُس میں ملتی ہیں اور کہیں حفیظؔ کی نغمگی، اور سچ تو یہ ہے کہ یہ اُن کے اپنے دل کی دھڑکن ہے جس میں قوم کے لئے گائے گئے نغموں کا عکس بھی دیکھنے کو ملتا ہے اور ان کی اپنی منفرد آواز بھی الگ سنائی دیتی ہے اور ہم اُسے ایک ایسی زندگی کی صدائے نغمہ طراز کہہ سکتے ہیں جو خاموشی سے بلکہ خود فراموشی کے ساتھ خدمتِ شعر و ادب میں گزر گئی"۔

مظفر حنفی نمائندہ شاعروں میں سرفہرست نظر آتے ہیں۔ ان کا شعری سرمایہ کافی

وسیع ہے۔ ہندوستانی تہذیب کی روح ان کی شاعری میں بھی سموئی ہوئی ہے۔ ان کی جن نظموں میں مشترکہ تہذیب کا عکس نظر آتا ہے ان میں "میرے ہندوستان" اور "خاکِ ہند کو سلام" خاص ہیں۔ معین احسن جذبی کی نظم "نیا سورج" مظہر امام کی نظم" اشتراک" اور "اشعار"، اجمل اجملی کی نظم "کرشناولی" اور "پھول زخمی ہے "سلام مچھلی شہری کی نظم" یہ دھرتی خوبصورت ہے" اور "میں اس طرح یہ مسئلے دیکھتا ہوذں "برج موہن کی نظم" مندر بھی لے لو" حرمت الاکرام کی نظم" ہمالہ کی جانب چلو" اور "سُرور گلشن آرائی" بھی بے حد خوبصورت اور دلآویز نظمیں ہیں۔ مظہر امام کی نظم "اشتراک" کا ایک بند پیشِ خدمت ہے:

خیر اچھا ہوا، تم بھی میرے قبیلے میں آ ہی گئے
اس قبیلے میں کوئی کسی کا نہیں
ایک تم کے سوا
چہرا اترا ہوا
بال بکھرے ہوئے
نیند اُچٹی ہوئی
خیر، اچھا ہوا، تم بھی میرے قبیلے میں آ ہی گئے
آؤ ہم لوگ جینے کی کوشش کریں

مذکورہ بالا مظہر امام کی ایک بہت ہی دلنشین نظم ہے جس میں آپسی میل جول اور ہم آہنگی کے نقطہ نظر کو اجاگر کیا گیا ہے اور مل جل کر رہنے کی دعوت دی گئی ہے۔

ہندوستان کی تہذیبی، سماجی اور ثقافتی میراث کے ورثہ خاص سمجھے جانے والے تاج محل سے مختلف ممالک اور مذاہب سے وابستہ لوگوں کی عقیدت رہی ہیں جہاں ہر فرقے،

طبقے اور مذہب کے لوگ بلا تفریق و تمیز کے، ذات پات، نسلی بھید بھاؤ کے ایک جگہ جمع ہو کر بھائی چارگی اور انسانی یکجہتی کی ایک عظیم مثال قائم کرتے ہیں۔ گویا تاج محل ان کے لیے ایک باعثِ محرک بنتا ہے۔ یہی وجہ ہے کہ تاج محل کو بیشتر شعراء نے اپنی شاعری میں ایک اہم جگہ دی۔ جن شعراء حضرات نے ۱۹۶۰ء کے بعد تاج محل کو موضوع بنا کر اپنے شاعری کو جاویدانی بخشی ان میں ، جگن ناتھ آزاد، حرمت الاکرام، سلام مچھلی شہری، مخمور سعیدی، پریم پال اشک، ضیاء ہانی، کلیم بدایونی، عارف بیابانی، شجاع خاور، محمد عسکری، فرحت حسین خوشدل وغیرہ خاص طور پر قابلِ ذکر ہیں۔ پریم وار برٹنی کی نظم "تاج محل میں آجانا" کا ایک بند ملاحظہ ہو:

جب رات کا آنچل لہرائے
اور سارا عالم سو جائے
تم مجھ سے ملنے شمع جلا کر تاج محل میں آجانا

ہندوؤں اور مسلمانوں کا یہ مشترکہ تہذیب اور میل جول اس زمانے کی معاشرتی زندگی کے دوسرے شعبوں میں بھی نظر آتا ہے۔ ہولی، دیوالی، سلونو، دسہرہ، شوراتری، وغیرہ ہندوؤں کے تہوار ہیں اور اسی طرح، شب برات، شب قدر، عید، عید قرباں، نوروز، محرم وغیرہ مسلمانوں کے تہوار ہیں۔ جنھیں شاعروں نے شاعری کے سانچے میں ڈھال کر زندۂ جاوید بنا دیا۔ مندروں، مسجدوں، خانقاہوں، گرجوں، تیرتھ استھانوں، مقبروں اور قدرتی مناظر والی جگہوں کو بھی نئے شعراء نے اپنی شاعری کا موضوعِ خاص بنایا ہے۔ غرض مشترکہ ہندوستانی تہذیبی عناصر کی روایت جس کی ابتدا شعرائے متقدمین نے ڈالی تھی۔ اُس روایت کو برقرار رکھنے اور آگے بڑھانے میں نئے شعرا حضرات نے بھی ایک اہم اور قابل فخر ثبوت پیش کیا ہے۔

حوالہ جات

۱۔ اردو شاعری میں تاج محل شجاع خاور اردو پبلیکیشنز، نئی دہلی ۱۹۶۸ء

۲۔ آئینۂ وطن ضیاہانی نقش کوکن پبلی کیشنز ٹرسٹ، بمبئی ۱۹۷۷ء

۳۔ اِک موسم میرے دل کے اندر ،اِک موسم میرے دل کے باہر (شعری مجموعہ) کمار پاشی سطور پرکاشن، نئی دہلی ۱۹۷۹ء

۴۔ آزادی کے بعد دہلی میں اردو نظم ڈاکٹر عتیق اللہ اردو اکاڈمی، دہلی ۱۹۹۰ء

۵۔ شعلۂ آوارگی نیاز حیدر، مرتب قمر رئیس ناشر مرتضائی بیگم ۱۹۹۲ء

۶۔ اردو غزل اور ہندوستانی ذہن و تہذیب گوپی چند نارنگ این۔ سی۔ پی۔ یو۔ ایل، نئی دہلی ۲۰۰۲ء

۷۔ نذرِ وطن ریاضت علی شائق ناشر رضیہ بیگم، اردو مرکز، دہلی ۲۰۰۳ء

۸۔ راستا اور میں (مجموعہ کلام) مخمور سعیدی ناشر مصنف خود ۲۰۰۳ء

۹۔ اردو شاعری میں اسلامی تلمیحات عطاء الرحمن صدیقی عالمی رابطہ ادب اسلامی، لکھنؤ ۲۰۰۴ء

۱۰۔ آزادی کے بعد اردو نظم (ایک انتخاب) شمیم حنفی، مظہر مہدی این۔ سی۔ پی۔ یو۔ ایل، نئی دہلی ۲۰۰۵ء

۱۱۔ گدازِ سحر سید احمد سحر ناشر خود مصنف ۲۰۰۵ء

۱۲۔ ہندوستان شناسی (انتخاب) پروفیسر محمد حسن ایجوکیشنل پبلشنگ ہاؤس، دہلی ۲۰۰۶ء

۱۳۔ کچھ اور چاہیے وسعت اختر الواسع البلاغ پبلیکیشنز، نئی دہلی جون ۲۰۰۹ء

۱۴۔ ہندوستانی اساطیر اور فکر و فلسفہ کا اثر ہندوستانی زبان و ادب پر پروفیسر قمر رئیس

اردو اکاڈمی، نئی دہلی ۲۰۰۹ء

۱۵۔ تنقیدی جہات ڈاکٹر شہزاد انجم ناشر خود مصنف ۲۰۱۱ء

۱۶۔ اردو کہانی میں وطنیت اور اتحاد ڈاکٹر عبد الرشید خان ایجو کیشنل پبلشنگ ہاؤس، دہلی ۲۰۱۱ء

۱۷۔ اردو شاعری میں ہندوستانی تہذیب و ثقافت ڈاکٹر ندیم احمد شعبۂ اردو جامعہ ملیہ اسلامیہ، نئی دہلی ۲۰۱۲ء

۱۸۔ اردو شاعری میں گیتا (نغمۂ علم و عمل) انورؔ جلالپوری ناشر خود مصنف جولائی ۲۰۱۳ء

رسائل و جرائد

رسائل و جرائد میں ماہنامہ "شاعر" کا قومی یکجہتی نمبر ۱۹۷۴ء

Common Indian Culture in Urdu Nazm after 1960. -Essay: Ghulam Nabi Kumar

***

۱۱

سخت جان اردو باقی ہے: باقی رہے گی

پروفیسر اختر الواسع

گزشتہ ہفتہ راقم الحروف نے، قومی کونسل برائے اردو زبان، کو اپنا موضوع بنایا تھا اور اس مرتبہ پھر یہی ادارہ موضوع گفتگو ہے، مگر قدرے تبدیلی کے ساتھ کہ اب ایک نشان امید سامنے ہے۔ قومی کونسل برائے فروغ اردو زبان اگرچہ ارفع و اعلیٰ علمی و تحقیقی ادارہ ہے، تاہم بنیادی طور پر یہ ایک لسانی ادارہ ہے، جس کا مقصد قیام ہی وطن عزیز کی ایک اہم زبان یعنی اردو کا تحفظ، ارتقا نیز فروغ ہے۔ گزشتہ ایک ماہ کے دوران اپنی نوعیت کے اس منفرد و ممتاز ادارے پر اندیشوں و خطرات کی سیاہ گھٹائیں مسلط رہیں، ایسا گھٹا ٹوپ اندھیرا چھایا رہا کہ اردو برادری بے چین ہوگئی۔ جو اخلاص کی دولت سے مالا مال تھے وہ خاموشی کے ساتھ اس ادارے کی بقا و تحفظ کے لئے کوشاں رہے اور جنہیں روز اول سے ہی ہر اچھی شئے، اچھے ادارے اور اچھے افراد سے بیر رہا ہے وہ اپنی فطرت سے مجبور ہو کر ریشہ دوانیوں میں مصروف تھے۔ بہر کیف خدائے بزرگ و برتر کا کرم اور چند مخلص و دیانت دا اہل اردو کی دعائیں شامل حال ہو گئیں، حالات نے ایک اور کروٹ لی اور خود مرکزی وزارت برائے فروغ انسانی وسائل) جس کے تحت یہ ادارے کام کرتے ہیں) نے دفتر وزیر اعظم اور نیتی آیوگ کی تجاویز سے مکمل عدم اتفاق کا اظہار کرتے

ہوئے مذکورہ تمام تجاویز کو خارج از امکان اور ناقابل عمل قرار دیا۔ وزارت مذکور نے گہرائی سے متعلقہ امور و سائل کا جائزہ لے کر اپنی اختلافی رائے سے دفتر وزیر اعظم اور نیتی آیوگ کو مطلع کر دیا۔ قابل ذکر ہے کہ وزارت نے اپنے فیصلے کی اساس، دلائل اور زمینی حقائق پر رکھی، بعض حلقوں کی خوشنودی اور سستی مقبولیت کے حصول پر نہیں۔

اطلاعات مظہر ہیں کہ مرکزی وزارت برائے فروغ انسانی وسائل نے نیتی آیوگ کی تمام تجاویز کو ناقابل قبول اور غیر عملی قرار دیا ہے، اس طرح خطرہ فی الحال ٹل گیا ہے، مگر اب گیند دفتر وزیر اعظم کے پالے میں ہے۔ اب امید ہے کہ دفتر وزیر اعظم آداب حکمرانی کو ملحوظ رکھتے ہوئے متعلقہ وزارت کے فیصلے سے اتفاق کرے گا اور یوں یہ مسئلہ حل ہو جائے گا اور قومی کونسل برائے فروغ اردو زبان اپنی روایات کے تحت بدستور کام کرتا رہے گا۔ جو قائین اصل مسئلہ سے متعلق بنیادی حقائق سے واقف نہیں، ان کی سہولت کے لئے عرض ہے کہ گزشتہ ماہ دفتر وزیر اعظم کی زیر نگرانی، نیتی آیوگ نے یہ تجویز پیش کی تھی کہ ملک بھر میں بر سر کار متعدد ثقافتی، سائنسی، علمی و لسانی اداروں میں سے کم از کم ایک تہائی اکائیوں کو یا تو بند کر دیا جائے یا انہیں کسی بڑے ادارے (مثلاً کسی دانش گاہ یا علمی و تحقیقی مرکز) کے ساتھ ضم کر کے اس کا حصہ بنا دیا جائے۔ چونکہ قومی کونسل برائے فروغ اردو زبان بھی ان اداروں میں شامل تھی، جس کے انضمام یا ادغام کا فیصلہ کیا جاتا تھا، اس لئے بجا طور پر اہالیان اردو کی نیند حرام ہو گئی تھی۔ تاہم اس سے قبل کہ حالات حد سے زیادہ بگڑتے، وزارت برائے فروغ انسانی وسائل نے بر وقت قدم اٹھایا اور غور و فکر، نیز مشورے کے بعد مذکورہ تجاویز کو خارج کر دیا۔ میں بحیثیت اردو کے ایک خادم کے مرکزی وزیر برائے فروغ انسانی وسائل محترم پرکاش جاوڈیکر اور اسی وزارت میں وزیر مملکت ڈاکٹر مہیندر ناتھ پانڈے کی خدمت میں مبارکباد پیش کرتا ہوں

کہ انھوں نے ایک دانش مندانہ فیصلہ کر کے ابتدائی مرحلے میں ہی ایک اندیشے کا سد باب کر دیا۔

ہندوستان ایک رنگا رنگ دنیا کا نام ہے، جہاں تکثیریت کا دور دورہ ہے۔ اس ملک میں جہاں مختلف مذاہب کے پیرو کار رہتے ہیں، وہیں درجنوں بلکہ سینکڑوں زبانیں بولنے والے بھی آباد ہیں، جن کا کلچر بھی الگ الگ ہے اور زبان بھی۔ اپنی زندگی کا بیشتر حصہ مشغلہ درس و تدریس کی نذر کرنے کے بعد حکومت ہند نے مجھے ایک ایسی ذمہ داری سونپی جو دلچسپی بھی تھی اور چنوتی بھری بھی۔ میری مراد کمشنر برائے لسانی اقلیات کے منصب سے ہے، جس پر میں اگرچہ ایک مختصر مدت کے لئے مامور رہا، مگر اس دوران مجھے جو نیز نگ تجربات ہوئے وہ عشروں کی دانش گاہی زندگی میں بھی نہیں ہوئے تھے، ظاہر ہے کہ بحیثیت استاذ کسی شخص کا واسطہ حد سے حد دو یا تین زبانوں سے پڑ سکتا ہے، مگر یہاں تو درجنوں زبانوں سے سروکار رکھنا تھا۔ ان کے مسائل کو جاننا اور سمجھنا تھا، ان کا حل بھی تلاش کرنا تھا اور حل بھی ایسا جو بیک وقت ارباب اختیار اور عوام الناس دونوں کو قابل قبول ہو۔

اس ملک کی ایک دلچسپ خصوصیت یہ ہے کہ جو زبان مرکز اور کئی ریاستوں میں بطور سرکاری زبان کے رائج ہے اور اکثریت کی زبان ہے، وہی ایک دوسری ریاست میں پہنچ کر اقلیت کی زبان بن جاتی ہے۔ ہماری راج بھاشا ہندی، شمال کی اکثر ریاستوں میں اکثریتی زبان ہے مگر ملک کے مغرب، مشرق اور جنوب میں یہ اقلیتی زبان بن جاتی ہے اور اس لحاظ سے تحفظ کا مطالبہ کرتی ہے، اس طرح جو زبانیں کسی ایک یا دو ریاستوں کی سرکاری زبانیں ہیں، وہی باقی ملک میں پھیلے اپنے بولنے والوں کی زبان کی حیثیت سے اقلیتی زبان کا درجہ رکھتی ہیں۔ یہ صورتحال تفصیلی بحث کی متقاضی ہے مگر چونکہ

سر دست یہ راقم کے مضمون کا موضوع نہیں، اس لئے یہ گفتگو صرف تمہید کی حد تک۔

دراصل میں عرض یہ کرنا چاہتا ہوں کہ بطور کمشنر برائے لسانی اقلیات، جہاں مجھے ملک کی تمام زبانوں کے مسائل سے واقفیت ہوئی اور زمینی صورتحال کو سمجھنے کا موقع ملا، وہیں اپنی زبان اردو کے سلسلے میں بھی بڑے چشم کشا حقائق مجھ پر روشن ہوئے۔ مثلاً اردو اس ملک کی ایسی انوکھی زبان ہے جو پورے ملک کے طول و عرض میں کسی نہ کسی سطح پر بولی جانے والی اور زیادہ علاقوں میں سمجھی جانے والی واحد زبان ہے، مگر اس غریب کا اپنا کوئی علاقہ نہیں، کوئی ریاست نہیں، اگرچہ کہ کم از کم ایک ریاست جموں و کشمیر کی سرکاری زبان ہے، مگر وہاں بھی حکومتی، درسگاہی، نیز علمی و ادبی سطح پر ہی رائج ہے۔ یہ نہ تو اس ریاست کے کسی بھی طبقے کی مادری زبان ہے اور نہ ہی روزمرہ زندگی میں کوئی اسے بولتا ہے۔ ہے نا ستم ظریفی۔

جیسا کہ میں نے عرض کیا یہ آج کا موضوع نہیں، مگر اس تمہید ثانی کی غرض یہ ہے کہ اردو کے ملک گیر، اصل مسائل کے ادراک کے ساتھ مجھے اس کے اداروں کے طریق کار کو بھی سمجھنے کا موقع ملا۔ علاوہ ازیں چونکہ مجھے یہ افتخار حاصل ہے کہ میں اس ملک میں اردو کے سب سے بڑے علمی و تحقیقی ادارے یعنی قومی کونسل برائے فروغ اردو زبان کی مرکزی مجلس منتظمہ کا رکن ہوں لہٰذا میں قومی کونسل کے داخلی امور سے بھی واقف ہوں اور اس کی کارکردگی کا شاہد بھی۔ اس لئے مجھے یہ عرض کرنے کا حق حاصل ہے کہ یہ ادارہ اپنے طے شدہ دائرہ کار کے اندر ممکنہ وسعت کے ساتھ کام کر رہا ہے اور علمی، تحقیقی و اشاعتی ہی نہیں، تشہیری و کاروباری سطح پر، اردو دنیا کا سب سے بڑا اور کامیاب ادارہ ہے۔ ملک گیر پیمانے پر اردو کی تعلیم و تربیت کے علاوہ اس کے شائع کردہ رسائل کو ہمہ گیر مقبولیت اور اس کی شائع کردہ کتابوں کی لاکھوں نہیں، کروڑوں کی فروخت روز

روشن کی طرح عیاں ہے۔ وزارت متعلقہ کے حالیہ فیصلے کے بعد اب مجھے اطمینان ہے اور تمام تر اردو برادری کو بھی اطمینان دلانا چاہتا ہوں کہ یہ ادارہ نہ صرف زندہ قائم، فعال اور سرگرم رہے گا، بلکہ ہر نہج پر اس کی ترقی بھی ہو گی۔ آخری سطور میں اپنے دانش مند اور نادان اردو داں دوستوں سے درخواست کروں گا کہ جو ہوا سو ہوا، اب وہ اس ادارے یا اس کے کسی ذمہ دار کی مخالفت کی راہ چھوڑ کر مثبت رویہ اختیار کریں اور اردو کے اپنی نوعیت کے اس واحد، وقیع اور کثیر الجہت ادارے کے فروغ کے لئے کوشاں ہوں تا کہ جب مستقبل کا مورخ داستان اردو رقم کرے تو ان کا نام اردو کے بہی خواہوں میں شامل ہو، اس کے مخالفین میں نہیں اور ان کی داستان بھی داستانوں میں شامل ہو۔

Urdu will remain and survive. Essay: Prof Akhtar ul Wasey

***

۱۲

حجاب امتیاز علی: حیدرآباد دکن کی اولین فکشن نگار

جاں نثار معین

اردو فکشن میں حجاب امتیاز علی کو وہی اہمیت حاصل تھی، جو فوراً بعد کے دور میں عصمت چغتائی کو ملی اور یہ دونوں خواتین صاحبِ طرز اور منفرد وافسانہ نگار تھیں۔ گو دونوں کے یہاں زندگی کے رویہ ایک دوسرے سے مختلف اور متضاد تھے، ایک کے یہاں موتیا کی ٹہنی پر گانے والی کوئل، کاؤنٹ لوث اور مادام زبیدہ تھیں، دوسری کے یہاں درانتی اور ہتھوڑا۔ ہندوستان کی سیاسی اور سماجی تاریخ مرتب کرنے والوں کے لیے یہ دونوں خواتین دو اہم ادوار کی ترجمانی اور نمائندگی کرتی ہیں اور دونوں کے مطالعہ کے بغیر اردو فکشن کی تاریخ مکمل نہیں ہو سکتی ___ قرۃ العین حیدر

اردو زبان و ادب کا مرکزی شہر حیدرآباد کے اہل قلم ہر دور میں اردو کی ترقی و ترویج میں ہمیشہ بہترین خدمات انجام دیتے آئیں ہیں۔ عہد آصفی سے قبل عوام قدیم روایات کے پابند اور قدامت پسند تھیں۔ بالخصوص اس شہر کی خواتین کے لیے سخت گیر تھا۔ بیشتر گھرانے کی خواتین گھر کی چہار دیواری سے باہر نہیں نکل سکتی تھیں۔ یہاں تک کہ کئی خواتین بیماری میں مبتلا ہو کر جاں بحق ہو جاتی تھیں۔ کیوں کہ طبیب سے رجوع ہونا بھی معیوب سمجھتی تھیں۔ ایسے روایتی پردہ کے ماحول سے نکل کر علوم و فنون حاصل کرنے

مشکل عمل تھا۔ جس سے ترقی کرنے میں محروم تھی۔

اس عہد میں لڑکیوں کی تعلیم و تربیت کا انتظام گھر پر ہی کیا کرتے تھے۔ ایسے وقت میں نصیر الدین ہاشمی اپنی کتاب "خواتین عہد عثمانی" میں "اسباب بیداری" کے عنوان کے تحت لکھا۔ اس قبل محب حسین نے تقریروں کے ذریعہ تعلیمِ نسواں کو فروغ دیتے رہیں۔ علاوہ ازیں ممتاز یار الدولہ، ہمایوں مرزا اور خود اس وقت کے بادشاہ نظام سابع بھی خواتین کی ترقی و ترتیج میں معاون بنے۔ بالخصوص قابلِ ذکر فہرست کچھ اس طرح ہے صالحہ عابد حسین، رضیہ، سجاد، عصمت چغتائی، قرۃ العین حیدر اور ان کی دیگر معاصر فکشن نگار خواتین کی عظمتِ قلم اور فکری بصیرتیں بلندیاں چھو رہی تھیں۔ ان کے نقشِ قدم پر چلنے والی متعدد خواتین افسانہ نویس، مثلاً آمنہ ابوالحسن، عفت موہانی، جمیلہ ہاشمی، واجدہ تبسم، رضیہ بٹ، رفیعہ منظور الامین وغیرہ کی تحریریں نئی سوچ اور سماج کی تعمیر کر رہی تھیں۔ اس ماحول میں افسانوی دنیا کا ایک معتبر نام حجاب امتیاز علی بھی شہرتوں کی چوٹیوں پر تھا۔

زمانہ کی تبدیلی کے ساتھ خواتین نے نہ صرف خود تعلیم حاصل کی بلکہ سماج میں روشن خیالی اور حصول علم کے رجحان کی تربیت کی۔ تمام موضوعات پر اپنے رشحات قلم کے ذریعہ بین الاقوامی سطح شہرت حاصل کی۔ شاعری ہو یا افسانہ نگاری ناول نگاری ہو یا تنقید و تدریس ہر میدان میں اپنی صلاحیتوں کا ہوہا منوایا۔ آزادی کے بعد حیدرآباد کی خاتون نثر نگار نے ناول نگاری، افسانہ نگاری، ادبی اور مزاحیہ مضامین نگاری میں اپنی تخلیقات کے ذریعہ نام پیدا کیا۔ موجودہ دور کی خواتین نے تقریباً تمام شعبوں میں مرد کے شانہ بہ شانہ ہیں۔ بعض معاملات میں تو آگے ہیں۔

بیسویں صدی میں اردو افسانہ نے تیزی سے ترقی کی۔ یہاں تک کہ دیگر نثری

اصناف پر حاوی ہو گیا۔ اس عہد میں پریم چند نے 'پریم پچیسی' اور 'پریم بتیسی' لکھ کر اول درجہ حاصل کر لیا۔ اسی وقت اردو افسانہ نگاری کے میدان میں خواتین نے اس صنف میں اپنے قلم کے جادو سے افسانہ نگاری میں اپنے فن کا ہوا منوایا۔ اس سلسلے کی پہلی خاتون حجاب امتیاز علی ہے۔ جو ایک جدید تعلیم یافتہ اور روشن خیال تھیں۔ ان کیافسانوی مجموعے 'وہ بہاریں یہ خزائیں'، 'میری ناتمام محبت'، 'احتیاط عشق'، 'ممی خانہ'، تحفے اور شگوفے' اور 'صنوبر کے سائے اور دوسرے رومان' ہیں۔

ناولٹ میں میری نا تمام محبت اور دوسرے رومانی افسانے، لاش اور ہیبت ناک افسانے، خلوت کی انجمن، نغمات موت، ظالم محبت، وہ بہاریں یہ خزائیں، کالی حویلی اور تحفے کے نام شامل تھے۔ بالخصوص ان کے نیم رومانی اور نیم حقیقی افسانے کافی مقبول ہوئے۔ ناولوں میں اندھیرا خواب، ظالم محبت، وہ بہاریں یہ خزائیں، سیاح عورت، افسانوی مجموعے میری ناتمام محبت، ممی خانہ، تحفے اور شگوفے قابل ذکر ہیں۔ ڈراموں میں چچا بھتیجیاں، دعوت نامہ، پنجرہ، وہ طریقہ تو بتادو تمہیں چاہیں کیوں کر کی وجہ سے مشہور ہوئیں۔ بالخصوص ان کا آخری ناول 'پاگل خانہ' کو آدم جی ادبی انعام سے نوازا گیا۔ اور پاکستان حکومت کی جانب سے آپ کی گرانقدر ادبی خدمات کے اعتراف میں انہیں ستارہ امتیاز سے نوازا گیا۔ ان کے زیادہ تر ڈرامے ریڈیو سے نشر ہوئے۔ ان کے ڈراموں میں ہماری زندگی کے جیتے جاگتے کردار متحرک ہیں۔ آپ بیتیوں میں 'تصویرِ بتاں'، 'ڈائری' اور 'لیل و نہار' ہے۔ اور تراجم بھی کیے ہیں۔ اس لحاظ سے صنوبر کے سائے، مرد اور عورت، کونٹ الیاس کی موت اہمیت رکھتے ہیں۔ ان میں مرد اور عورت کے جذبات کو بڑی ہنر مندی سے پیش کر کے ایک لاجواب فکشن نگار کی حیثیت سے تاریخ میں اپنا نام رقم کروایا۔

اردو کی نامور افسانہ نگار حجاب امتیاز علی ۴ نومبر ۱۹۰۸ کو حیدرآباد ایک مقتدر اور مہذب گھرانے میں پیدا ہوئی۔ والد سید محمد اسماعیل نظام دکن کے فرسٹ سیکریٹری تھے۔ان دنوں میں جب حیدرآباد شہر میں پیلگ (طاعون) پھیلا تو انہوں اپنی بیگم اور دونوں لڑکیوں کو مدراس بھیج دیا۔وہیں حجاج کی تعلیم گھر پر ہوئی۔کیوں کہ حجاج کی ماں عباسی بیگم اپنے دور کی نامور اہل قلم خاتون تھیں۔حجاب امتیاز علی نے عربی، اردو اور موسیقی کی تعلیم وہیں حاصل کی۔اس ضمن میں ڈاکٹر عبدل العرفان نے اپنی تصنیف 'انڈیا کی مشہور خواتین' میں 'بیگم حجاج امتیاز علی (پہلی مسلم پائلٹ خاتون و ادیبہ) کے عنوان میں لکھا ہے۔

"حجاج نے ۱۴۔۱۳ سال کی عمر سے لکھنے کا آغاز کیا۔ ان کا پہلا افسانہ 'میری ناتمام محبت' تھا۔ یہ افسانہ شاہکار کی حیثیت سے مشہور ہوا اور قارئین کو کافی متاثر کیا۔ یہ افسانہ ۱۹۳۳ء میں 'نیرنگ خیال' لاہور میں شائع ہوا۔ اس کے ساتھ ہی تہذیب نسواں میں بھی مضامین وغیرہ شائع ہونے لگے تھے۔ تہذیب نسواں کی ادارت مولانا ممتاز علی اور ان کی بیگم محمدی بیگم کر رہے تھے۔ ان کی وفات کے بعد اس کی ادارت ان کے فرزند ارجمند امتیاز علی تاج کے ذمہ آئی۔ اس کا انتساب حجاج اسماعیل کے نام تھا۔ ۱۹۳۴ء میں امتیاز علی تاج سے شادی ہوئی۔ ہم سفر بننے کے بعد ۱۹۳۶ء میں فلائنگ کلب جوائن کرلیا اور جون ۱۹۳۶ء کو بہتر پائلٹ کا لائسنس حاصل کیا۔ اس طرح وہ ہندوستان کی پہلی پائلٹ خاتون بن گئی۔" (ڈاکٹر عبدالعزیز عرفان، انڈیا کی مشہور خواتین، کرسپس انٹرنیشنل۔ یو ایس اے۔، حیدرآباد۔ ۲۰۱۴۔ ص ۵۵)

اور مختلف ادبی رسالوں میں افسانہ نگاری کا آغاز کیا۔ ابتدا میں وہ حجاب اسماعیل کے نام سے لکھا کرتی تھیں۔ ان کی تحریریں زیادہ تر تہذیب نسواں میں شائع ہوتی

تھیں۔ جس کے مدیر امتیاز علی تاج تھے۔ ۱۹۲۹ء میں امتیاز علی تاج نے اپنا مشہور ڈرامہ انار کلی ان کے نام سے معنون کیا۔ ۱۹۳۴ء میں یہ دونوں ادبی شخصیات سجاد حیدر یلدرم کی معرفت رشتہ ازدواج میں منسلک ہو گئیں۔ نکاح سے قبل حجاب کا نام حجاب اسماعیل تھا۔ بعد میں حجاب امتیاز علی مشہور ہو گیا۔ اس طرح وہ مستقلاً پاکستانی لا بن گئیں۔ ۱۹ مارچ ۱۹۹۹ء کو ہندوپاک کی نامور فکشن نگار کی حیثیت سے مقبولیت حاصل کرنے والی یہ ادیبہ رومانوی تحریروں میں اپنا نام درج کروا کر دنیائے فانی سے کوچ کر گئی۔

حجاب امتیاز علی کا ناول 'زہرہ بیگم' اور فلسفیانہ مقالات کا مجموعہ 'گل صحرا' قابل قدر یادگار ہیں۔ یہی اثرات سے حجاب نے بارہ برس کی عمر میں عشقیہ موضوع پر افسانہ 'میری ناتمام محبت' لکھی۔ یہی عنوان بعد میں ان کے افسانوی مجموعہ کا نام بن گیا۔ کیوں کہ اس کم سن ادیبہ کو والدہ کا قلمی تعاون تھا۔ جس کا اعتراف کئی جگہ کیا ہے۔ ان کی زندگی ادب کے ساتھ ساتھ ایک عام انسانوں کی طرح تھی۔ اکثر و بیشتر وہ ادبی ہو یا تقریبی محفلوں میں گزارتی تھی۔ انھیں ہوابازی یا کار ڈرائیونگ کرنے علاوہ جانور اور پرندے پالنے کا شوق بھی تھا۔ ان مصروفیات میں بھی ادبی اشتیاق تھا۔ اسی لیے انہوں نے تہذیب نسواں کی ادارتی ذمہ داری نبھائی۔ اس کے علاوہ ازیں انہیں دنیا کی پہلی ہوا باز خاتون ہونے کا اعزاز حاصل کر چکی ہیں۔ اس طرح انہیں ہوا بازی کا آغاز انگلینڈ میں کیا اور اکتوبر ۱۹۳۶ میں ہوابازی کا لائسنس حاصل کیا۔ اسی سال ناردن لاہور فلائنگ کلب سے ہوابازی کی سند حاصل کی۔ اور برٹش گورنمنٹ کی وہ پہلی خاتون پائلٹ کہلائیں۔ اسی برس "تہذیب نسواں" میں ان کی ہوابازی کے متعلق ایک نظم بھی شائع ہوئی۔ حجاب امتیاز علی کے فکر و فن متعلق ڈاکٹر مجیب خاں نے لکھا ہے:

"حجاب بلا کی ذہین تھیں۔ ان کا مطالعہ وسیع، مشاہدہ اور تجربہ بھی بے حد تیز اور گہرا

ہے، اس لیے وہ عوامی زندگی کی عکاسی تو کرتی ہیں، مگر انھیں عوامی زندگی سے کوئی خاص واسطہ نہیں ہے۔ اگرچہ انھوں نے بھرپور سماجی زندگی گزاری، مگر ان کے کرداروں میں زندگی کی یہ رمق نظر نہیں آتی۔ ان کے کردار زندگی کے مسئلے کو غور و فکر سے حل کرتے ہیں اور کبھی کبھی جذبات کے سیلاب میں بہہ جاتے ہیں۔ وہ شرافت اور سنجیدگی کا مجسمہ ہوتے ہیں۔ ان کے کردار ہر افسانہ وناول کے جانے پہچانے ہونے کے باوجود تخیّلی، اعلیٰ اور مہذب سوسائٹی کے ہوتے ہیں اور ان میں غیر معمولی خوبیاں ہوتی ہیں۔"

حجاب امتیاز علی نے اپنی تحریروں سے ادب کو نئی جہت دی۔ ان کے افسانے فنی اور لسانی دونوں اعتبار سے بلند ہوتے ہیں۔ ان کی تحریروں میں غضب کی دلکشی اور تاثیر ہے۔ ان کے افسانوں میں وہ تمام خوبیاں موجود ہیں، جو ایک کامیاب کہانی کار میں ضروری ہیں۔ حجاب کے افسانوں کا پلاٹ اکہرا، چست درست، مربوط اور مضبوط ہے۔ برجستگی کا لطف اور زبان کی چاشنی بھرپور ہے۔ اس کا اعتراف سجاد حیدر یلدرم نے اس طرح کیا ہے۔ 'حجاب کے تخیل نے ایک نئی دنیا خلق کی ہے اور اس دنیا میں ایک نئی اور نہایت دلکش مخلوق آباد کی ہے۔ یہ دنیا، جس میں ہم اور آپ رہتے ہیں، اس سے علیحدہ ہے، گو اس سے ملتی جلتی ہے اور جو لوگ اس دنیا میں آباد ہیں، وہ ہم سے مشابہ تو ضرور ہیں، مگر بالکل ہماری طرح نہیں ہیں۔' ان کا خیال درست ہے۔ کیوں کہ ایک مستند و معتبر قلم کار کے لیے تمثیل نگاری اور معاشرے کی ترجمانی کے لیے کائنات کا نجی مشاہدہ ہو۔ تاکہ سماج کے نشیب و فراز سے پوری آگہی ہو۔ اسی سے منظر نگاری کے دل پذیر و دلکش خاکوں کی سچی تصویر بنتی ہے۔

حجاب امتیاز علی کے سفر اور تجربات کی وجہ سے ان کی تحریروں میں حسین کینوس نظر آتا ہے۔ جس سے قاری کو یہ احساس ہوتا ہے کہ وہ اس نظارہ کو بچشم خود دیکھ کر

لطف اندوز ہو رہا ہے۔ حجاب کی زندگی کا بڑا حصہ سیر و تفریح میں گزرا ہے۔ حجاب کی تحریروں میں کردار عاشقانہ و رومانی ہونے کے باوجود اخلاقی و تہذیبی روایات کے باغی نہیں ہوتے۔ اس کے ثبوت میں ان کے ایک ناولٹ 'میری ناتمام محبت' کا ایک اقتباس ہوں:

"اب آفتاب غروب ہو گیا تھا۔ باغ کے دریچے سے ہو کر ایک اداس روشنی اندر آرہی تھی، جس کو دیکھ کر میں اکثر اوقات شدتِ رنج سے رو پڑتی تھی۔ ایسی اداس روشنیاں دونوں پر اکثر دردناک اثر کرتی ہیں۔ دسمبر کا درخشاں اور بڑا سا آفتاب سرخ ہو کر دریائے شون کی تلاطم خیز اور گرجنے والی موجوں میں ڈوب رہا تھا، آسمان گہرا سرخ نکل آیا تھا، خنک اور خوشگوار ہوائیں چل رہی تھیں۔"

یہی وجہ ہے کہ ان کے کردار رومانیت کی دھیمی آنچ میں ابھر کر محبت کے جذبات میں گھل مل جاتے ہیں۔ اس کی بہترین مثال ان کے ایک مشہور نال 'پاگل خانہ' میں دیکھی جاسکتی ہے۔ 'بلاشبہ کائنات بڑی حسین ہے۔ اسی حسن کی بارگاہ میں تو میری ساری عمر پرستش میں گزر رہی ہے۔ لیکن ابھی آفتاب ڈوب جائے گا اور کائنات کے سارے رنگ بدل جائیں گے۔'

حجاب امتیاز علی نے اردو زبان و ادب کی ترقی میں اتنا وسیع اور حسین محل تعمیر کیا جسے کبھی فراموش نہیں کیا جاسکتا۔ اردو کی فکشن نگار و خواتین میں حجاب کا نام صفِ اول میں لیا جاتا ہے۔ کیوں کہ انہوں نے اپنی تحریروں میں دلکش انداز سے لفظوں کا جامہ پہنایا۔ حجاب کی تمام کہانیوں میں یکسانیت پائی جاتی ہیں۔ جس کی بنا پر وہ نئی نسل کو بھرپور زندگی کا پیغام دینے میں ناکام نظر آتی ہیں۔ پھر بھی حجاب کے فکشن میں زبان و بیان، اسلوب، قصہ، منظر نگاری، پلاٹ بہت معیاری ہوتا ہے۔ ان کا یہی وصف ان کے

فکر پاروں میں ہے۔ ان کی رومانی تخیل آفرینی کی بنا پر انہیں اقدر کی نظروں سے دیکھا جاتا ہے۔ اردو ادب کی ترقی و ترویج میں حجاب کی رومانوی فکشن نگاری نے ایسے گل ہائے رنگارنگ کھلائے ہیں، جو اپنی مہک اور حسن کے لحاظ سے کبھی نہ مرجھائیں گے۔

Hijab Imtiaz Ali, Hyderabad's first fiction writer. - Essay: Jan Nisar Moin

***

۱۳

قاری کی کتاب سے دوری کیوں؟

عارف منصور

منیر سیفی کا ایک شعر ہے

میں صاحب نظر بھی، خبر بھی، اثر بھی تھا
جب تک رہا تھا میرا تعلق، کتاب سے

انسان نے جب سے پڑھنا لکھنا سیکھا، کبھی تختیوں کی صورت میں، کبھی دیواروں پر تحریر، کتبوں کی شکل میں اور اور کبھی شکار شدہ جانوروں کی کھالوں پر اپنی کہانیاں تحریر کرتا رہا ہے اور اس طرح نہ صرف اس کی تاریخ لمحہ بہ لمحہ محفوظ ہوتی گئی بلکہ اس کی ثقافت، اس کا مذہب اور اس کے اعتقادات بھی نسل در نسل منتقل ہوتے رہے۔

یہ سلسلہ بہت قدیم ہے، جو مختلف تہذیبوں سے گزرتا ہوا اسلامی تہذیب تک آ پہنچا۔ اسلامی تہذیب و تمدن، جس کی ابتدا ہی لفظ اقراء سے ہوئی، یہ اس بات کا اعلان ہے کہ انسان جب تک اس دنیا میں موجود ہے اسے رہنمائی علم سے ہی ملے گی اور علم کتاب سے حاصل ہوتا ہے۔ اس وقت دنیا دو طبقات میں بٹی ہوئی ہے، گویا تہذیبوں کا تعین اقوام سے نہیں سمتوں سے ہوتا ہے۔ آج کل تو لگتا ہے کہ دنیا میں صرف دو ہی سمتیں یعنی مغرب اور مشرق دو ہی دنیائیں ہیں۔ مغربی دنیا اور مشرقی دنیا، یا یوں کہنا چاہئے کہ

فی الحال شمال اور جنوب کے الفاظ اپنا مفہوم کھو چکے ہیں۔ مغربی تہذیب کا تحکمانہ رویہ ان کی مادی ترقی کے سبب سے ہے اور مشرقی تہذیب کا معذرت خواہانہ رویہ مغرب سے مرعوبیت کے سبب ہے۔

تہذیبوں کے اس رویے میں اجتماعی طور پر سب سے بڑا مسئلہ معاشی ہے۔ مشرقی اقوام وسائل رکھنے کے باوجود انہیں صحیح طور پر عوام الناس کے لئے استعمال نہیں کر پاتیں۔ اسی سبب اکثر آسائشیں ایجادات کی شکل میں مغرب میں دریافت ہوتی ہیں اور آج کل کے ابلاغ زدہ دور میں ہم مشرق میں بیٹھنے والے لوگ اس ایجاد کے بارے میں تمام معلومات حاصل کر کے اس کی افادیت جان لینے کے باوجود مالی مجبوریوں کے تحت اسے حاصل کرنے سے قاصر رہتے ہیں اور جب وہ ایجادات اپنی افادیت کھو کر مغرب سے پھینکی جارہی ہوتی ہیں تو اس کی قیمت ہماری قوتِ خرید کی حد میں داخل ہوتی ہے اور جب ہم خاصے طویل عرصے کے انتظار کے بعد اس کے حصول میں کامیاب ہوتے ہیں تو اس پر بھوکے کی طرح ٹوٹ پڑتے ہیں۔

ذرائع ابلاغ میں ٹیلی ویژن اور کیبل ہمیں تقریباً چالیس سال کی تاخیر سے میسر آئے تو ہم نے اپنے تمام سابقہ معاشی اور معاشرتی رویوں کو توڑ پھوڑ کر انہیں ابلاغ زندگی کے سانچے میں ڈھال لیا، یوں ہمارا وہ بہت قیمتی وقت جو کئی تعمیری سرگرمیوں میں بشمول کتابوں کے پڑھنے کے عمل کے لئے وقف ہوتا تھا، سب اس ابلاغی جادوگری کی نذر ہونے لگا۔

اس کے بعد 'مرے پر سو درے' کے مصداق رہی سہی کسر کمپیوٹر اور انٹرنیٹ نے پوری کر دی ہے۔ بچے گلیوں اور کھیل کے میدانوں کا رخ کرنا بھول گئے۔ نوجوان، جو اپنی ناپختہ سوچوں کی تسکین کے لئے کیبل کا سہارا لے رہے تھے، آگے بڑھ کر انٹرنیٹ یعنی

دام رسائی کی عریانی میں داخل ہو گئے۔

مگر دنیا نے جن ایجادات کو اپنے ہاں اعلیٰ تعلیم کے حصول کے لئے استعمال کیا، مشرق کی روایتی جہالت نے اس کی برائیوں سے پوری طرح فیضیاب ہونے کی راہیں نکالیں۔ حصول معاش کی دوڑ میں ہم نے اپنی ضروریات کا دائرہ بہت وسیع کر لیا اور سامانِ تعیش بھی اب ہماری ضرورت میں شامل ہے اور اس خوب سے خوب تر کی تلاش میں ہم وہاں پہنچ چکے ہیں جہاں ہمارے پاس اپنے لئے بھی وقت باقی نہیں رہا۔

ایسے عالم میں ہم کتابوں کے لئے وقت کہاں سے نکالیں؟ ذہنی اور مالی مسائل نے ہم سے یکسوئی کی دولت چھین لی اور یوں ہم عملی طور پر کتاب سے کوئی تسکین، خوشی یا علم کے حصول سے بہت دور نکل آئے۔ اب شاذونادر ہی کوئی شخص سنجیدگی سے کتاب پڑھتا ہوا دکھائی دیتا ہے۔ جو لوگ اب بھی کتابوں کے مطالعے کو ضروری سمجھتے ہیں انہیں دیکھ کر اکثر لوگ متعجب ہوتے ہیں جیسے کتاب پڑھنے والے کوئی گناہ کر رہے ہوں!

مغربی ممالک میں آج بھی تقریباً ہر پڑھا لکھا شخص کسی نہ کسی شکل میں کتاب سے دوستی نبھا رہا ہے۔ فکشن سے تحقیق تک، ہر کتاب لاکھوں کی تعداد میں چھپتی ہے اور فروخت ہوتی ہے۔ وہ فروخت ہو کر کسی نیم تاریک لائبریری کی زینت نہیں بنتی بلکہ ٹرینوں، بسوں، راہداریوں سے لے کر مطالعے کے کمروں تک میں پڑھی جاتی ہیں، ہمارا معاملہ اس کے متضاد ہے۔

ہمارے ہاں اگر غلطی سے کوئی کتاب ایک ہزار یا اس سے زیادہ تعداد میں چھپ جائے تو اسکا پڑھے لکھے افراد کے ہاتھوں تک پہنچنا اور پھر اس کا پڑھا جانا دونوں کوہ کنی سے زیادہ مشکل کام ہیں۔ کتابیں چھاپنا ایک عجیب طرح کا مذاق بن چکا ہے۔ ہماری اکثریت مطالعے سے کنارہ کش ہو چکی ہے۔ مجھ سمیت بیشتر افراد کسی نئی کتاب یا رسالے کو اگر

اٹھاتے بھی ہیں تو یہ دیکھنے کے لئے اس میں ہماری کوئی چیز چھپی ہے یا نہیں اور اگر چھپی ہے تو کیسی چھپی ہے اور کس جگہ چھپی ہے، پھر ہم اپنی اس تخلیق کا مطالعہ کر کے اپنے قیمتی وقت کا صحیح استعمال کرتے ہیں اور اگر اسے صحیح طور پر یا صحیح مقام پر چھپا ہوا نہیں پاتے تو اس کتاب کے مولف یا رسالے کے مدیر سے گلہ کرنے کے لئے کچھ وقت بچا لیتے ہیں۔

اس کے علاوہ کتابوں سے دوری کا ایک بڑا سبب ہمارا ناقص نظام تعلیم بھی ہے۔ جس عمر میں ہمارے بچوں کی تعلیمی تشکیل ہو رہی ہوتی ہے اس وقت ہم انہیں کتابوں کے تفصیلی مطالعے کے بجائے مختصر راستے یعنی شارٹ کٹ دکھانے لگتے ہیں۔ کہیں خلاصہ جات، کہیں گائیڈ اور آخری حربے کے طور پر گیس پیپر [Guess paper]۔ یوں ہم شارٹ کٹ کو بچوں کی فطرت کا حصہ بنا دیتے ہیں اور وہ باقی تمام زندگی شارٹ کٹس ڈھونڈنے اور ان کے ذریعے زیادہ سے زیادہ سامانِ تعیش حاصل کرنے کی دوڑ میں لگ جاتے ہیں۔

انگریزوں کے نظام تعلیم کو ہم نے کئی بار تبدیلیوں سے آشنا کیا مگر یہ تبدیلیاں نمائشی اور سیاسی رنگ میں ڈوبی رہیں۔ اس کے علاوہ سائنسی اور تکنیکی تعلیم بلکہ انفارمیشن ٹکنالوجی کی ضرورت کا اس قدر شور مچایا گیا کہ دوسرے بشری علوم اور مختلف زبانوں کی تعلیم سے نئی نسل کی توجہ مکمل طور پر ہٹ گئی۔

پھر ایک اہم بات یہ کہ ہماری زبان کی جڑیں جن دو زبانوں میں موجود تھیں یعنی عربی اور فارسی، ان دونوں زبانوں کو ہماری ابتدائی تعلیم سے دیس نکالا دے کر ہمارے تہذیبی رشتوں کی جڑ کاٹ دی گئی۔ بھلا عربی اور فارسی کے بغیر بھی کوئی اردو کو بہتر طور پر جاننے کا دعویٰ کر سکتا ہے؟

یوں رسمی تعلیم کے شکار نوجوان اپنے تہذیبی سرمائے سے دور ہوتے جا رہے ہیں۔

اسی طرح تہذیبی اداروں کے ذریعے اچھی ادبی مجالس ، معمر اور نوجوان ادیبوں کے درمیان مکالمہ اور ذرائع ابلاغ کے ذریعے ادبی ترویج کے موثر حصے کو بھی عملی طور پر رواج نہ دے کر ادب، کتاب اور قاری کو نقصان پہنچایا جارہا ہے۔ یہ سب ہمارے سامنے ہو رہا ہے اس کے باوجود کسی کو اس کا احساس نہیں ہے۔ جنہیں ہے وہ بھی خاموش رہنا پسند کرتے ہیں۔

The rising distance between reader and book. Essay: Arif Mansoor

* * *

ادب و ثقافت پر منتخب مضامین کا ایک اور مجموعہ

اردو ادب و ثقافت: منظر نامے

(حصہ: ۲)

مرتبہ : مکرم نیاز

بین الاقوامی ایڈیشن جلد منظر عام پر آ رہا ہے